羽生結弦の言葉

2010-2020

YUZURU HANYU

言葉 羽生結弦　写真 能登直

宝島社

本書の刊行にあたって

2020年7月、国際スケート連盟（ISU）が新設したフィギュアスケートの「ISUスケーティング・アワード」の最優秀選手に羽生結弦選手が選ばれた。最も優れたスケーターに贈られる栄誉ある賞を受賞し、羽生選手は「私はいつもファンのみなさんから期待とプレッシャーを感じています。このプレッシャーが私をより強くします。常に100％納得できる結果をファンのみなさんに見せられるわけではありませんが、常に120％の力で期待に応えようと努力しています。責任は非常に大きいですが、期待に応えて成功を収めた時の達成感は、言葉では言い表せないほど素晴らしいものです」とコメントした。

プレッシャー、期待、努力、責任、達成感……このコメントにはスケーター・羽生結弦のエッセンスが詰まっている。過去10シーズン、羽生選手は数々の偉大な記録を打ち立ててきた。全日本選手権4連覇、世界選手権優勝2回、グランプリファイナル4連覇、ソチ大会・平昌大会で男子フィギュア66年ぶりの五輪連覇、史上初となるジュニア&シニアの主要国際大会を完全制覇する「スーパースラム」の達成――。

本書は羽生選手がシニアデビューした2010-11年から19-20年まで、10シーズンにおける記者会見やメディアのインタビューなどから、アスリートとしての思考・哲学、人間としての生きざまを象徴する言葉を厳選し、印象的な写真とともに一冊に編んだものである。羽生選手の言葉からは、逆境を楽しみ、過去の自分を超えるための努力と工夫をいとわず、常に高い目標を持ち続ける〝挑戦者〟としての精神性が見えてくる。そして何より、「スケートが好きだ」というスケート愛に溢れている。

数々の逆境やピンチを乗り越えてきた羽生選手の〝魂のメッセージ〟は、コロナ禍で先行き不安な時代を生きる我々に、大きなヒントを与えてくれるはずだ。

最後に、羽生選手の発言の転載・引用を快諾いただいたテレビ局、新聞社、出版社などの各社、貴重な写真を提供いただいた写真家ほかの関係各位に、心より御礼を申し上げます。

目次

写真提供
能登 直
田中宣明（平昌冬季五輪）
藤田孝夫（ソチ冬季五輪）

ブックデザイン
鈴木成一デザイン室

協力
公益財団法人 日本スケート連盟

2010-11→19-20

羽生結弦
10シーズンの銀盤軌跡

SP
『ホワイト・レジェンド』
（バレエ音楽『白鳥の湖』より）
振付：阿部奈々美

2010—11

日程	大会名	総合	SP	FS
10月	GP NHK杯	207.72（4位）	69.31（5位）	138.41（4位）
11月	GP ロシア杯	202.66（7位）	70.24（6位）	132.42（6位）
12月	全日本選手権	220.06（4位）	78.94（2位）	141.12（4位）
2月	四大陸選手権	228.01（2位）	76.43（3位）	151.58（3位）

GP＝グランプリシリーズ、SP＝ショートプログラム、FS＝フリースケーティング（以下同）

FS

『ツィゴイネルワイゼン』

振付：阿部奈々美

SP
『練習曲第12番
嬰ニ短調「悲愴」』
振付: 阿部奈々美
イゴール・ボブリン ほか

FS
映画『ロミオ+ジュリエット』より
（映画『Plunkett & Macleane』より）
振付：阿部奈々美
イゴール・ボブリン ほか

2011—12

日程	大会名	総合	SP	FS
11月	GP 中国杯	226.53（4位）	81.37（2位）	145.16（4位）
11月	GP ロシア杯	241.66（優勝）	82.78（2位）	158.88（2位）
12月	グランプリファイナル	245.82（4位）	79.33（4位）	166.49（3位）
12月	全日本選手権	241.91（3位）	74.32（4位）	167.59（1位）
3月	世界選手権	251.06（3位）	77.07（7位）	173.99（2位）

SP
『パリの散歩道』
振付：ジェフリー・バトル

2012―13

日程	大会名	総合	SP	FS
10月	GP スケートアメリカ	243.74（2位）	95.07（1位）	148.67（3位）
11月	GP NHK杯	261.03（優勝）	95.32（1位）	165.71（1位）
12月	グランプリファイナル	264.29（2位）	87.17（3位）	177.12（2位）
12月	全日本選手権	285.23（優勝）	97.68（1位）	187.55（2位）
2月	四大陸選手権	246.38（2位）	87.65（1位）	158.73（3位）
3月	世界選手権	244.99（4位）	75.94（9位）	169.05（3位）

FS
『ノートルダム・
ド・パリ』
振付: デヴィッド・ウィルソン

SP
『パリの散歩道』
振付：ジェフリー・バトル

2 0 1 3 — 1 4

日程	大会名	総合	SP	FS
10月	GP スケートカナダ	234.80（2位）	80.40（3位）	154.40（2位）
11月	GP フランス杯	263.59（2位）	95.37（2位）	168.22（2位）
12月	グランプリファイナル	293.25（優勝）	99.84（1位）	193.41（1位）
12月	全日本選手権	297.80（優勝）	103.10（1位）	194.70（1位）
2月	ソチ五輪	280.09（優勝）	101.45（1位）	178.64（1位）
3月	世界選手権	282.59（優勝）	91.24（3位）	191.35（1位）

FS

映画『ロミオとジュリエット』より

振付：デヴィッド・ウィルソン

SP
『バラード第1番
ト短調』
振付：ジェフリー・バトル

FS
映画『オペラ座の怪人』より
振付：シェイ=リーン・ボーン

2014—15

日程	大会名	総合	SP	FS
11月	GP 中国杯	237.55（2位）	82.95（2位）	154.60（2位）
11月	GP NHK杯	229.80（4位）	78.01（5位）	151.79（3位）
12月	グランプリファイナル	288.16（優勝）	94.08（1位）	194.08（1位）
12月	全日本選手権	286.86（優勝）	94.36（1位）	192.50（1位）
3月	世界選手権	271.08（2位）	95.20（1位）	175.88（3位）
4月	国別対抗戦	日本3位	96.27（1位）	192.31（1位）

SP
『バラード第1番
ト短調』
振付：ジェフリー・バトル

2015—16

日程	大会名	総合	SP	FS
10月	オータムクラシック	277.19（優勝）	93.14（1位）	184.05（1位）
10月	GP スケートカナダ	259.54（2位）	73.25（6位）	186.29（2位）
11月	GP NHK杯	322.40（優勝）	106.33（1位）	216.07（1位）
12月	グランプリファイナル	330.43（優勝）	110.95（1位）	219.48（1位）
12月	全日本選手権	286.36（優勝）	102.63（1位）	183.73（1位）
3月	世界選手権	295.17（2位）	110.56（1位）	184.61（2位）

FS
『SEIMEI』
（映画『陰陽師』より）
振付：シェイ=リーン・ボーン

SP
『Let's Go Crazy』
振付: ジェフリー・バトル

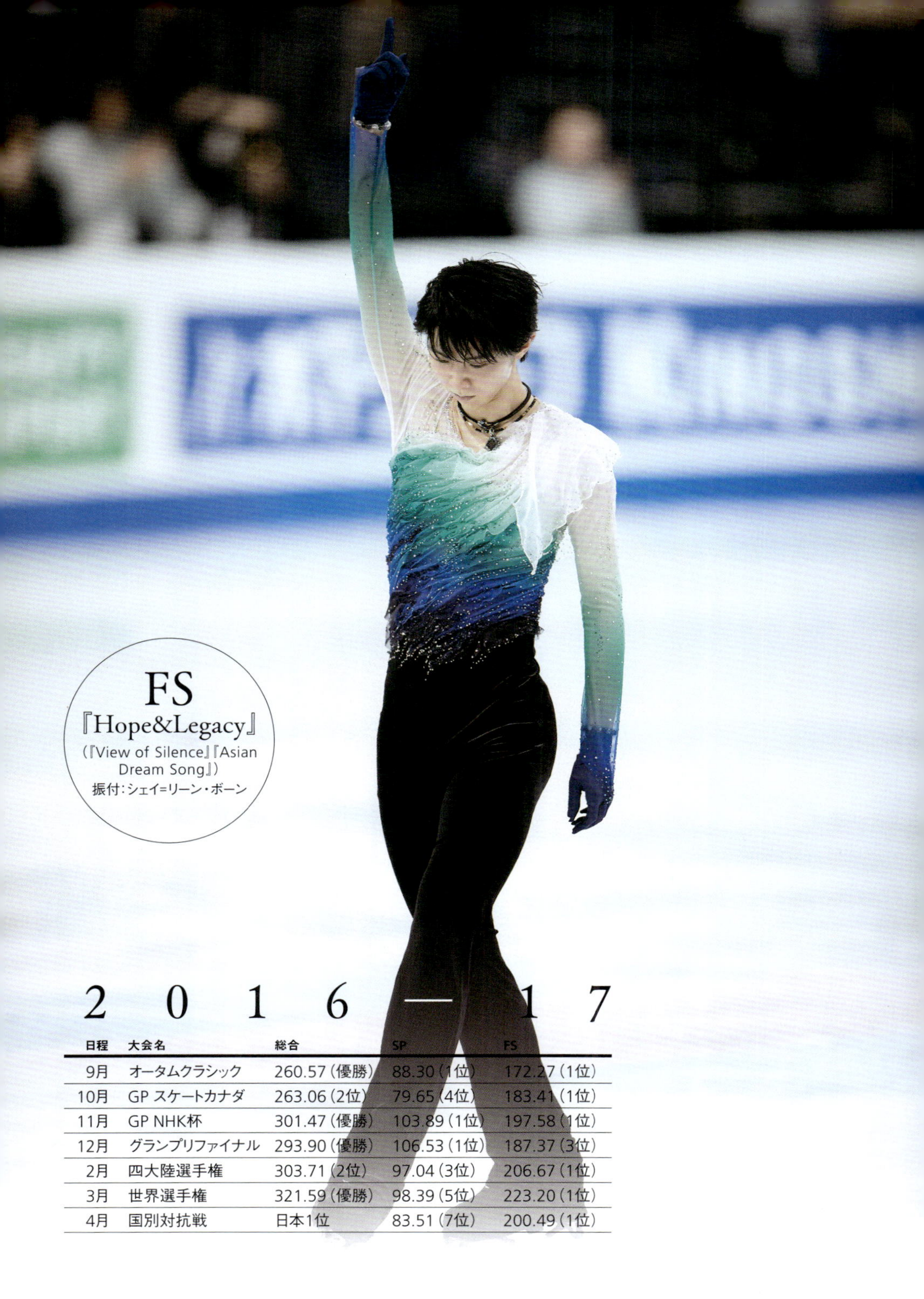

FS
『Hope&Legacy』
(『View of Silence』『Asian Dream Song』)
振付:シェイ=リーン・ボーン

2016―17

日程	大会名	総合	SP	FS
9月	オータムクラシック	260.57(優勝)	88.30(1位)	172.27(1位)
10月	GP スケートカナダ	263.06(2位)	79.65(4位)	183.41(1位)
11月	GP NHK杯	301.47(優勝)	103.89(1位)	197.58(1位)
12月	グランプリファイナル	293.90(優勝)	106.53(1位)	187.37(3位)
2月	四大陸選手権	303.71(2位)	97.04(3位)	206.67(1位)
3月	世界選手権	321.59(優勝)	98.39(5位)	223.20(1位)
4月	国別対抗戦	日本1位	83.51(7位)	200.49(1位)

SP
『バラード第1番
ト短調』
振付：ジェフリー・バトル

2017—18

日程	大会名	総合	SP	FS
9月	オータムクラシック	268.24（2位）	112.72（1位）	155.52（5位）
10月	GP ロシア杯	290.77（2位）	94.85（2位）	195.92（1位）
2月	平昌五輪	317.85（優勝）	111.68（1位）	206.17（2位）

FS
『SEIMEI』
（映画『陰陽師』より）
振付：シェイ=リーン・ボーン

SP
『秋によせて』
振付：ジェフリー・バトル

2 0 1 8 — 1 9

日程	大会名	総合	SP	FS
9月	オータムクラシック	263.65（優勝）	97.74（1位）	165.91（2位）
11月	GP フィンランド杯	297.12（優勝）	106.69（1位）	190.43（1位）
11月	GP ロシア杯	278.42（優勝）	110.53（1位）	167.89（1位）
3月	世界選手権	300.97（2位）	94.87（3位）	206.10（2位）

このシーズンからルール改正

FS
『Origin』
(『Art on Ice』『Magic Stradivarius』)
振付:シェイ=リーン・ボーン

SP
『秋によせて』
振付：ジェフリー・バトル
※四大陸選手権のみ
『バラード第1番』

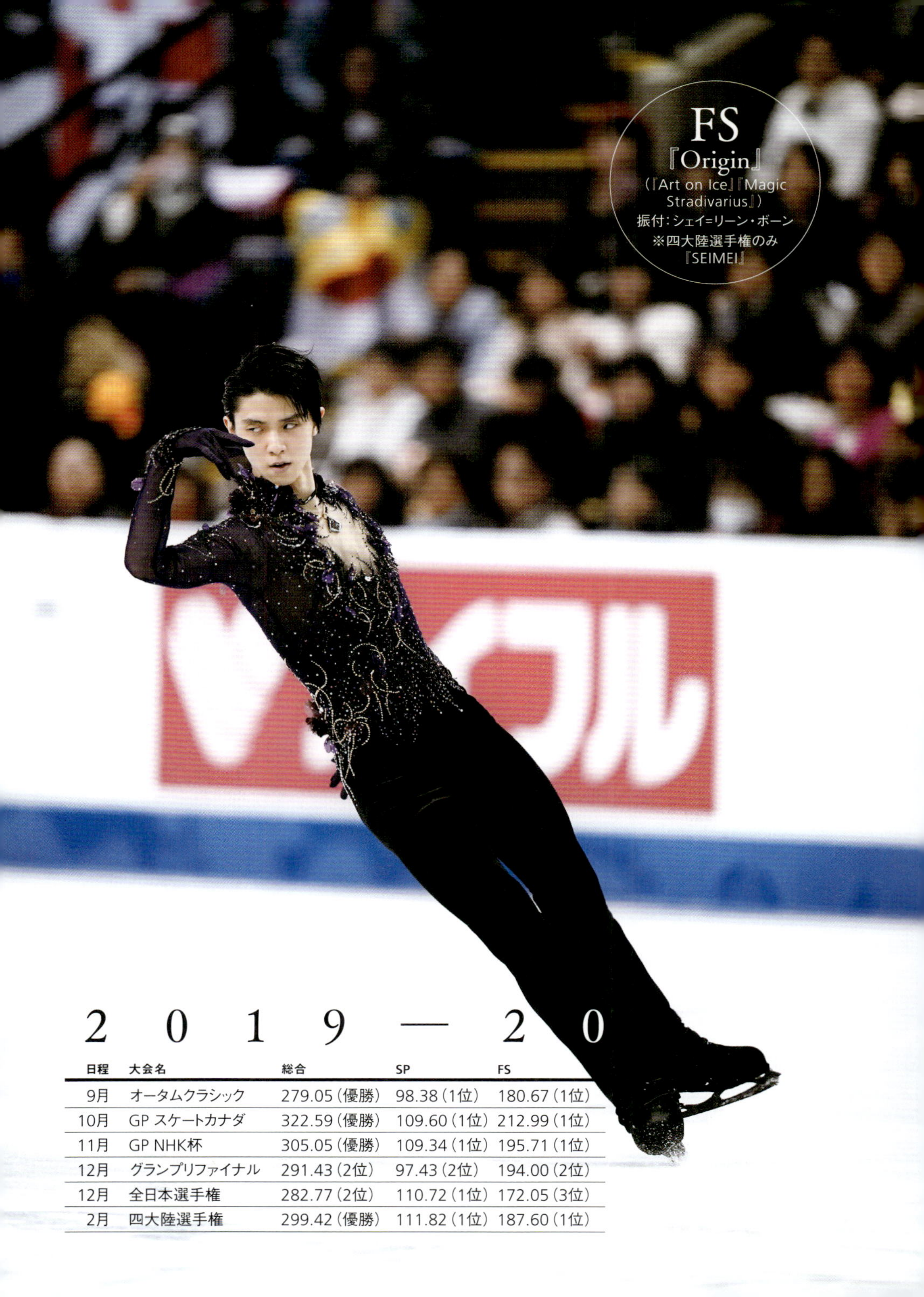

FS
『Origin』
（『Art on Ice』『Magic Stradivarius』）
振付：シェイ=リーン・ボーン
※四大陸選手権のみ『SEIMEI』

2019—20

日程	大会名	総合	SP	FS
9月	オータムクラシック	279.05（優勝）	98.38（1位）	180.67（1位）
10月	GP スケートカナダ	322.59（優勝）	109.60（1位）	212.99（1位）
11月	GP NHK杯	305.05（優勝）	109.34（1位）	195.71（1位）
12月	グランプリファイナル	291.43（2位）	97.43（2位）	194.00（2位）
12月	全日本選手権	282.77（2位）	110.72（1位）	172.05（3位）
2月	四大陸選手権	299.42（優勝）	111.82（1位）	187.60（1位）

希望の光を信じて

真っ暗闇なトンネルの中で
希望の光を見いだすことは
とても難しいと思います。
でも、3・11の時の夜空のように、
真っ暗だからこそ
見える光があると信じています

2020年4月、新型コロナウイルスの感染拡大が続くなか、JOC公式ツイッターを通じ動画を公開。闘病中の人々に励ましの言葉を贈った。

第1章

闘志

壁の先には
壁しかない

プレッシャーに強い秘密

負けたくないと思って
アドレナリンのような
興奮物質が出た時、
僕の中の引き出しが
開けられると思うんです

2015-16シーズンの前半を終え、自らの「プレッシャーに負けない気質」について雑誌のインタビューに応えて。このシーズンは、NHK杯322.40点、グランプリファイナル330.43点と世界最高得点(当時)を2度も塗り替えた。

Yuzuru.H

強さへの意志

「羽生結弦はこうだよな」と期待してくださるからこそ、強くありたい

2019年11月、グランプリシリーズ・NHK杯のショートプログラム、109.34点で首位に立って。

「悔しさ」の意味

悔しさは僕にとって収穫でしかない

2017年9月、オータムクラシックのショートプログラムで、112.72点というショートプログラム世界最高得点（当時）をマークしながら総合2位になって。

「3倍」の法則

周りと一緒に流されちゃダメ。
周りがやっていることの1・2倍やる。
それか2倍やる。俺は3倍やる。
だって、3倍やったら絶対うまくなる

2019年6月、北海道のスケートリンクでフィギュアスケートを練習する子どもたちに演技を披露。その後の質問タイムでアドバイスをして（写真は19年9月のオータムクラシック）。

リスペクトする2人へ

自分がこのプログラム（SP曲『秋によせて』、FS曲『Origin』）を滑ってリスペクトを示すために大切なのは、やっぱり勝つことだと思うんですね。しかも、クリーンに滑って勝つこと。それがギフトとして自分のリスペクトを彼らに贈るということだと思うんですね。プログラムを滑ることでのリスペクトもありますが、リスペクトしているからこそ、このプログラムの曲を汚したくない、このプログラムでいい演技をしたい……、というプレッシャーが自分にもかかっています

2018-19シーズンを前に、少年の頃から憧れていたジョニー・ウィアーとエフゲニー・プルシェンコの代表的プログラムの曲を滑ることについて語って。

2014年12月の全日本選手権で
3年連続3回目の優勝後、「4回
転サルコウをどう跳ぶか」につい
て問われて。

誰よりも〝欲張り〟

壁の先には壁しかない。
課題が克服できたら
人間は欲深いものだから、
それを越えようとする。
僕は多分、人一倍欲張り

KATE AMERICA

トロントでの覚醒

悔しかったですよ。
でもうれしかった。
できなくてうれしかったんです。
練習でこういう感情になれた。
「俺、もっとこうなりたい」
っていうものが
色々と見つかったんです

ブライアン・オーサーコーチに師事するため、2012年春に日本を離れ練習拠点をカナダ・トロントに。スケートクラブの子どもたちにできることが、当初はできなかったことを明かして（写真は12年10月のスケートアメリカ）。

インスピレーションの源

非日常的な何かをわざわざ見に行かずとも、日常の中にも拾えるものはたくさんある。たとえば漫画のひとコマからインスピレーションを受けることもあります

2015年12月、雑誌のインタビューに応えて。ノーミスだけではない「理想とするスケート」について語るなかで自身の「インスピレーションの源」に言及した。

負けて強くなれた

勝負には負けているんですけど、自分の中での勝負にはある程度勝てた。試合として一歩強くなれたんじゃないかな

2019年12月、グランプリファイナルのフリーでルッツ、ループを含めた自身初の5本の4回転を成功させたが2位に終わって。この大会で優勝したネーサン・チェンはフリー、合計点ともに世界最高得点を記録し3連覇を達成した。

ATING CHAM HIPS® 2017
KI, FIN AND
ORLDFIGURE

さらなる高みへ

科学的なことでいうと、人間は5回転まで跳べるらしい。自分は4回転アクセルをやりたいと思っている

2017年4月、世界選手権優勝後のコメント。300点超えが4人という史上最高のハイレベルな戦いに、「男子の技術はどこまで進化するか」と問われて。

ニチレイ
LOTTE
信用金庫
KOSÉ
JSF

勝って反省

やればやるほど、もっとこうできるな、ああできるなってすごい感じる

2019年9月、シーズン初戦のオータムクラシックで優勝後、報道陣からの質問に答えて。

自分らしさ

今はもう「勝ちたい」しかない。それが一番自分らしいのかも

2018年9月、オータムクラシックで優勝したものの2位の車俊煥《チャジュンファン》とはわずか3.87点差だった。五輪連覇後には「結果にこだわらずスケートを楽しみたい」と語っていたが、闘争心に再び火がついた。

MO LIFE
NHK TROPHY

闘争心について

自分が発した言葉って、自分に残るじゃないですか。だから「落ち着け」って口に出して自分に言い聞かせるのは、ある程度大事。でもね……。口に出さないで、内に秘めていることの大事さにも、気づき始めたんですよ。昔はあえて、言った言葉に追いつけ、追い越せでやってました。フィギュアスケーターには「納得できる演技が出来ればいい」という傾向があるけれど、実際はアスリートだから本当は勝ちたいでしょ。でもね、その闘争心が剥き出しの人もいるし、見せない人もいる。最近の僕は半々になったんです

2012年春に海外クラブへ移籍後、環境による自分自身の変化について語って(写真は12年11月のNHK杯)。

「根性」の優位性

もともと日本人が持っていたスポーツへの概念、トレーニングの概念というものは、いわゆる根性論だとかそういうふうに叩かれることがあるかもしれませんが、メンタルを鍛えることでは絶対に優れていたとは思っています

2018年2月、平昌冬季五輪優勝後の記者会見で。

試合直前の心構え

僕の場合は絶対、リラックスしない。絶対勝つ、絶対負けたくない、と思ってやる。そうすると、だいたい集中できる

2019年6月、北海道のスケートリンクでフィギュアスケートを練習する子どもたちに演技を披露。その後の質問タイムで「試合前の緊張を解消するために何かしている?」と聞かれ、アドバイスをして(写真は19年11月のNHK杯)。

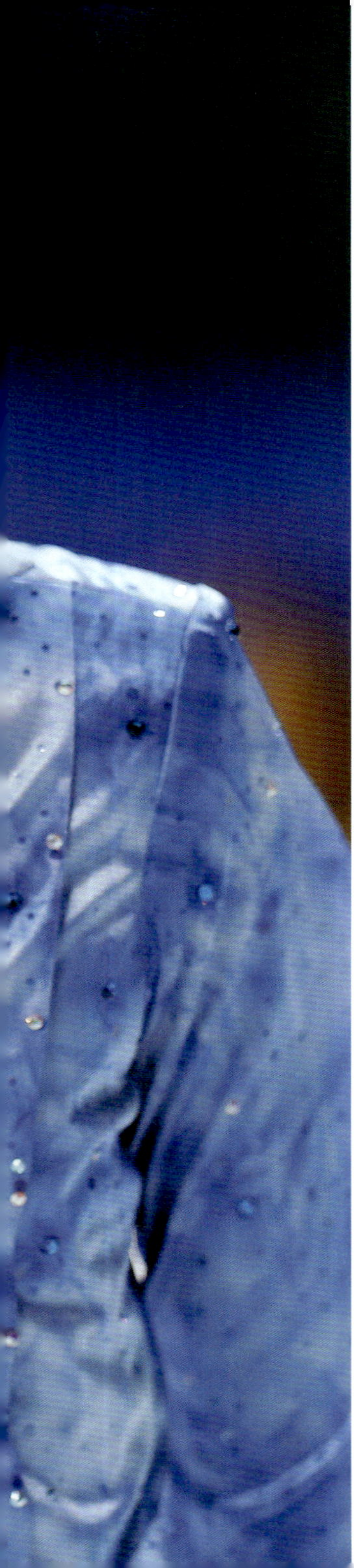

「大きな達成感」はいらない

理想との距離は縮まらない。到達することはないけれど、試合に勝つと通過点として小さな達成感がある。大きな達成感を味わいたくはないかなと思う。目標を決めると、行き着いたら燃え尽きてしまう。五輪の金メダルを取ったときも目標はもう違うところにあって、次は平昌が待っている。努力できる幸せや楽しさが僕を高めているんじゃないか

2014年2月のソチ冬季五輪優勝に続き、3月末の世界選手権でも優勝した13-14シーズンを振り返り、先に進めば理想もまた変わっていくのかと問われて。

黄金の右

右足に感謝しかない

2018年2月、平昌冬季五輪のフリー後、最後の3回転ルッツの着氷でこらえたことについて、報道陣からの質問に答えて。

自分を追い詰める

追い詰めないとダメなんですよね、自分。やるからにはやっぱり中途半端ではいられないですし、練習とかも今日やっぱり気持ちもしんどかったですし、久しぶりにスケート立つの怖いなぁって思ってましたけど、みなさんの前で演技するのも怖いなぁって思いましたけど、でもやるって決めたときには、やっぱりなんか全力を尽くすんですよね。それが自分なんだろうなって思っているので

2019年12月、2位に終わった全日本選手権の翌日、「大きな期待やプレッシャーに押しつぶされそうにならないのか?」と問われて。

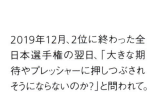

手作りの衣装

震災の前まで、
衣装は全て母の手作りでした。
試合前は、何日も徹夜して
作ってくれるんです。
それを着ると、
「やるぞ」って気持ちになりますね

2012年1月、11-12シーズン前半戦を終え、東日本大震災前のエピソードを語って（写真は10年12月の全日本選手権）。

花束とモチベーション

広いリンクで滑って、一人のためだけに歓声が起こる。その瞬間が魅力の一つ。４回転ジャンプを転倒したときも、会場に「あーっ」と大きなため息がこぼれますよね。それだけファンの皆さんが真剣に見てくださっているんだと思う。本気で見入ってなければ、ああはならない。演技を終えると、大量の花束をリンクに投げ込んでもらえる。いつも、「また頑張らないと」と高いモチベーションになっています

2014年1月、ソチ冬季五輪への出場を間近に控えインタビューを受けるなかで、「フィギュアスケートの魅力」について記者から尋ねられて。

〝トラウマ〟の乗り越え方

時間の経過を漫然と待つのではなく、意志の力と意地で、いわば力業で切り替えたんです

2014年11月のグランプリシリーズ・中国杯での練習中の衝突事故をどう乗り越えたかについて問われて。

第2章
挑戦
限界なんて
ない

20歳の約束

夢を諦めない。
いや「常に課題を持ち続ける」です。
何歳になっても、新たな課題を
何で出来ないんだろうって考えて、
克服し続けていきたいんです

20歳の誕生日直前にインタビュー
に応え、語った「20歳の約束」。

ファンの声援が力になる

もう本当、一人のスケートじゃないなって思って。なんとかそこで、その力で、その力をもらって心をつないできた

2019年12月、全日本選手権ショートプログラム後のインタビューで。心身の消耗が激しかった同月のグランプリファイナル後は、ファンの声が支えになったと語って。

2014年11月のグランプリシリーズ・中国杯での衝突事故を経て変化した心境を振り返り語って。事故後に行われた12月のグランプリファイナル、全日本選手権では優勝した。

〝恐れ〟を乗り越えた自信

あまり怖いものはなくなったかなと思います。恐怖としてではなく、恐れるものという感じですかね。難しいな。どんな状況、環境においても、あれ（2014年GPシリーズ・中国杯での練習中の衝突事故）を乗り越えたからどうにでもなるのではという気持ちがあります。よりうまくなれる、より自信をもって滑れると思うし、より効率よく練習できると思ってます

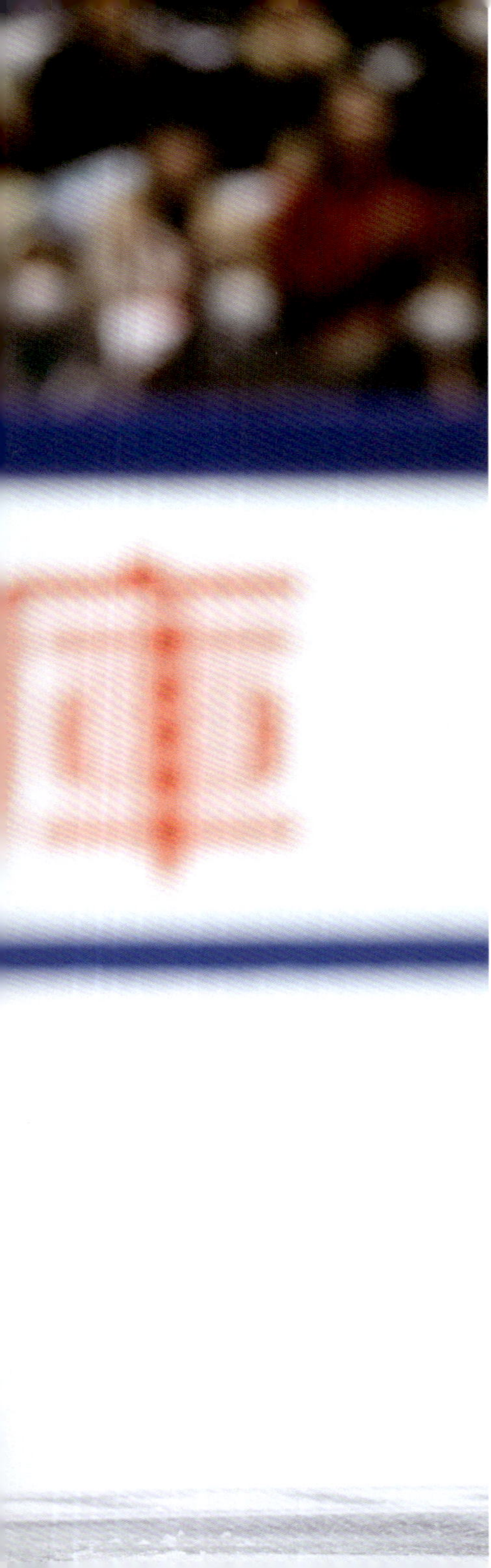

スケーターにしかわからないこと

きれいにまとめることが、どれだけ難しいかというのは僕たちスケーターにしか分からない

ほぼノーミスの演技で優勝した2015年11月のグランプリシリーズ・NHK杯の以前に、ショート、フリーともにノーミスで演技を終えることの難しさについて語っていた。

用金

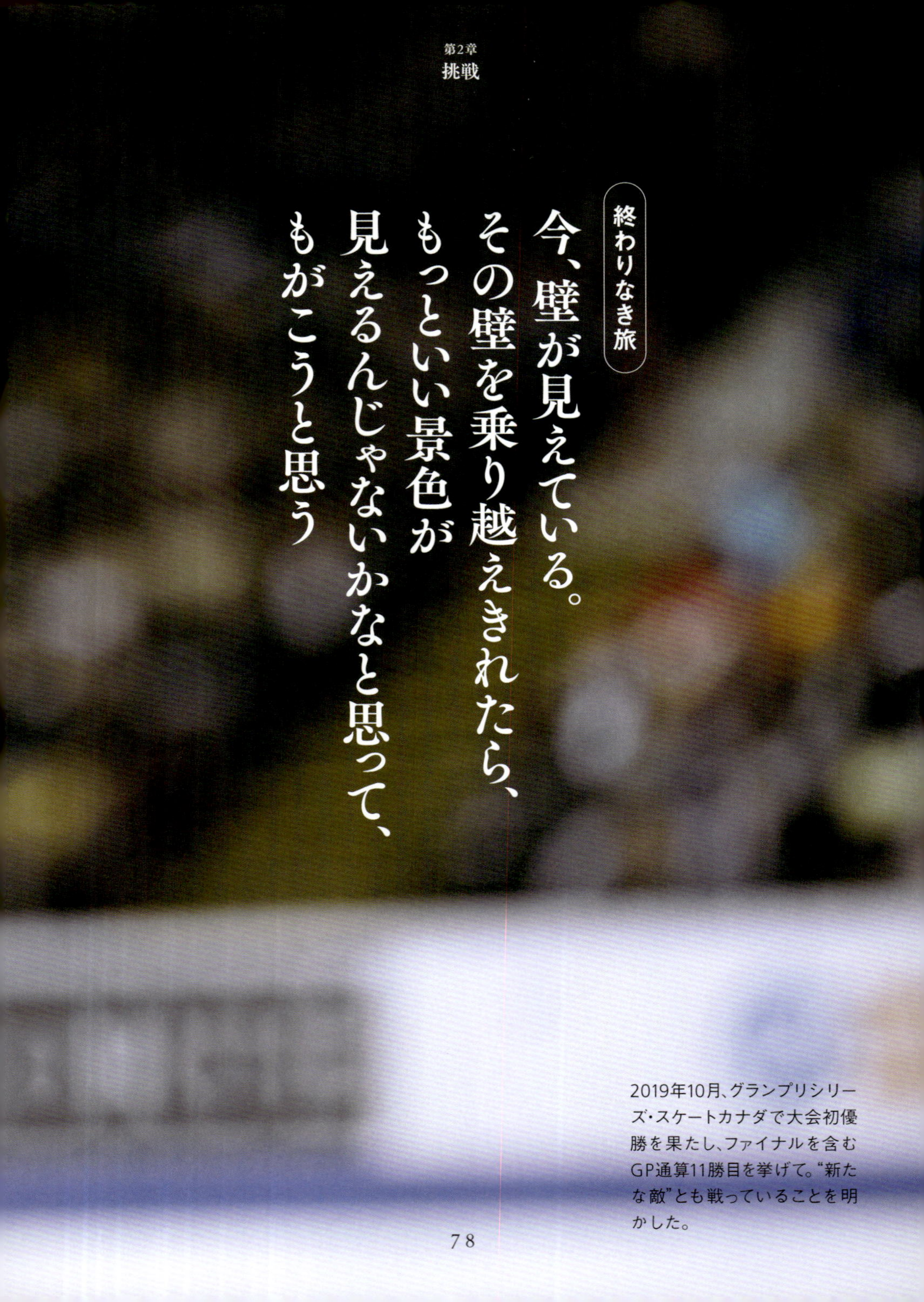

終わりなき旅

今、壁が見えている。
その壁を乗り越えきれたら、
もっといい景色が
見えるんじゃないかなと思って、
もがこうと思う

2019年10月、グランプリシリーズ・スケートカナダで大会初優勝を果たし、ファイナルを含むGP通算11勝目を挙げて。“新たな敵”とも戦っていることを明かした。

勝利へのモチベーション

原点に戻れた。強い相手を見たときに沸き立つような、ぞわっとする感覚をもっと味わいつつ、その上で勝ちたいと思えた

2019年3月、世界選手権でネーサン・チェンに敗れ2位となった翌日、取材に応えて。

捨てた夢と叶えた夢

夢って叶う人って本当に限られてて。はっきり言っちゃえば、自分の夢だって、叶ったのはこの金メダル……だけって言ったらおかしいけど、この金メダルだけが叶った夢であって、ほかの夢はたくさん捨ててきたので。だから、いっぱいあっていいと思うんですよ、夢って。絶対適性があるし、高い目標じゃなくても、低い目標だって夢って言えると思うので。これから、いろんな子どもたちが夢を持ちながらいろんなことをやっていって、少しでもなにかその夢が叶う瞬間を作ってあげられるような、その叶う瞬間になるきっかけのような言葉を出せたらなと、今、あらためて思いました

2018年2月、平昌冬季五輪優勝後の記者会見で。

「経験」は人生の糧

けがしたり、手術した後は、必ずしも成功したわけではない。（2位の）世界選手権は失敗だし、（連覇できた）グランプリ（GP）ファイナルは成功。それぞれの状況のなかで、まず何をするべきかを学べたと思う。一つ一つの経験が、スケート人生のみならず、これからの第二の人生も含めて生きると思う

2015年4月、練習中の衝突事故による大ケガや、入院・手術など試練が重なった14-15シーズンを振り返って。

「レジェンド」と呼ばれて

「君はレジェンドだから、もういいんだよ」ってすごく言われるんですよ。「やってることに意味があるんだよ」「ここにいることに意味があるんだよ」って言われるんですけど、やっぱりそれを言われるのもまた悔しいんですよね。それって過去の栄光でしかなくて、たしかに滑ってて、自分ではすごいとはまったく思えないので、それを言われたところで「くぅー！」ってなるしかなかったんですけど、自分は。でもなんか、そういう「レジェンドだよ」って言ってもらえるからこそ、「こんなんじゃダメだ」って、「ここで化石になっちゃダメだな」って思ってるので

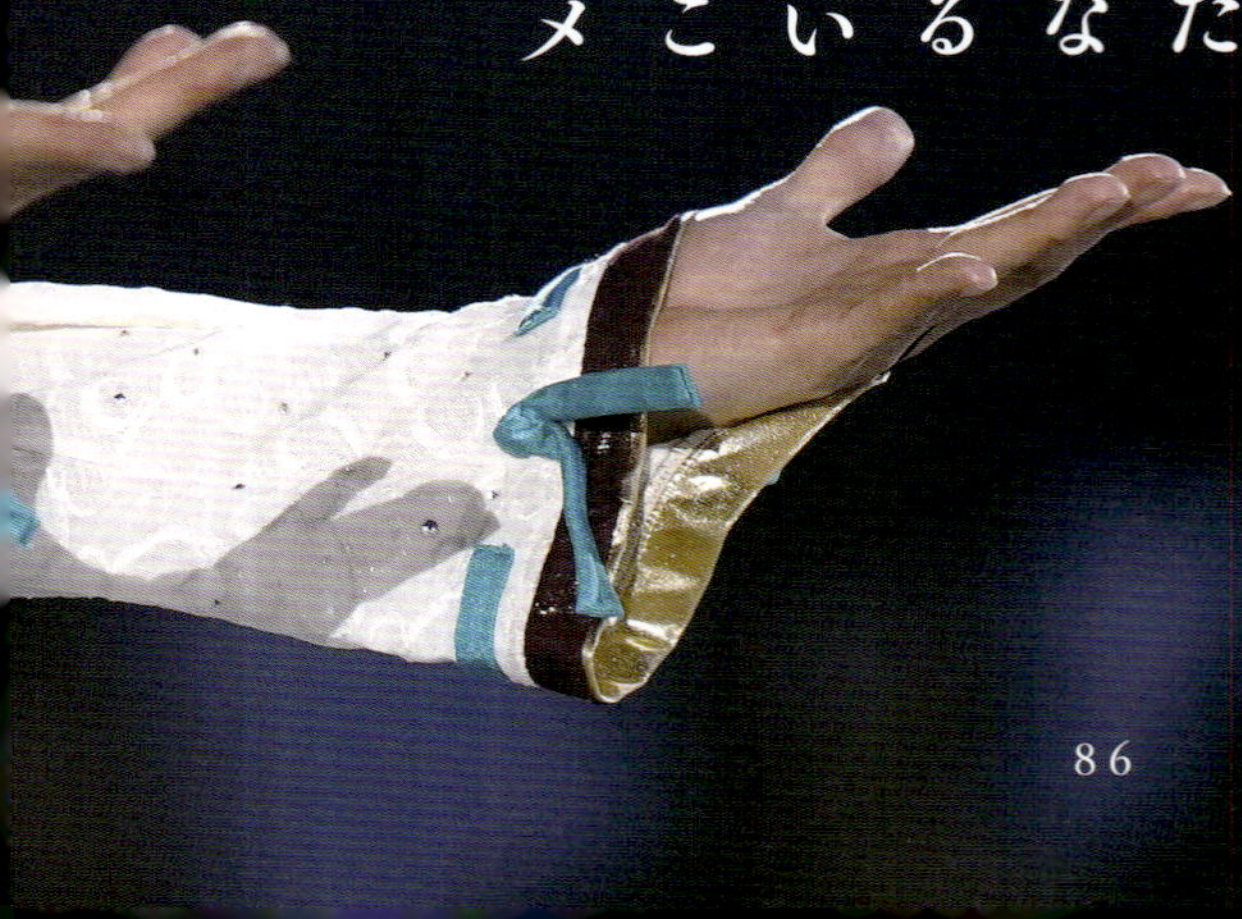

2019年12月、2位に終わった全日本選手権の翌日、取材に応えて。試合に負けると慰めてくれる人たちの存在について語った。

「金メダル」を超えるもの

ちょっと気持ちが変わった。五輪王者としてのプライドはあるが、それよりも今後のスケート界がどうなるかが楽しみ。4回転の種類を含めて男子のレベルが上がっても先陣を切れる、トップに食い込んでいけるように頑張りたい。王者として君臨するというより、たくさんのライバルの中で自分も強くなって勝てるようにしたい

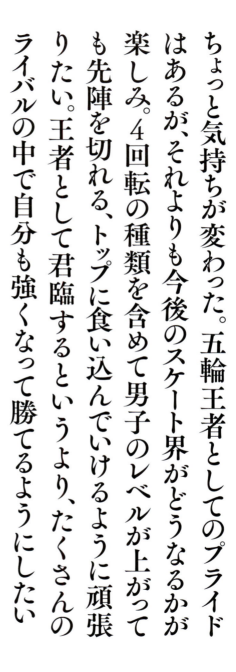

2014年4月、同年2月のソチ冬季五輪で優勝後の心境を語って。

メンタルタフネス

技術に加え、精神的にも強くならないといけない。今までの精神力では、これ以上の演技についていけなくなる

2014年4月、同年2月のソチ冬季五輪に続き、3月の世界選手権でも優勝した13-14シーズンを振り返って。

2016-17シーズン、ショートプログラムに16年4月に急逝したプリンスの名曲『Let's Go Crazy』を使用。それまではまったくプリンスの曲を聴いたことがなかったため、ネットなどを通じてプリンスの研究を続け、「失敗で、成功するためのものが見える」という言葉が心に刺さったと語って。

『レッツ・ゴー・クレイジー』

失敗したことによって成功するためのものが見えてくるという意味の言葉なんです。ＮＨＫ杯とグランプリファイナルだけを見ていればすごく完璧にやる人みたいに見えちゃうだろうけど、今までずっと見てきてくださった方たちはわかっているように、僕はノーミスの演技をするということはほとんどなかったので。その意味では自分は挑戦することで生きているし、失敗して、またそこから強くなるということにすごく情熱を注いでいる。限界なんてないと常に思ってやっているので、その意味ではすごく共感できました

「ニッポン」は特別

日本の会場で滑るのが、どれだけ特別なことか、待ち望んでいた。みなさんから得たエネルギーをファイナルでぶつけたい

2019年11月、グランプリシリーズ・NHK杯で優勝し、3年ぶり7度目のグランプリファイナル出場を確定させて。日本開催の公式戦への出場は同年3月に埼玉県で行われた世界選手権以来だった。

ハイレベルな戦い

まだ世界をけん引している実感は全くないですし、ショートプログラム（SP）で5位になるくらいですから、むしろまだ追い掛けられるなという実感しかないです。今は本当に世界のレベルは高く、誰が落ちてもおかしくない状態。それを面白いなと思いながら練習に臨んでいます

2017年4月、故郷・仙台市で行われた自身のモニュメント除幕式で。直前に行われた世界選手権で優勝したことについて問われて。

向上心に遠慮はいらない

向上心は持ち続けたい。そういうところは子供であり続けたい

2014年12月、グランプリファイナル連覇後のコメント。フリー本番直前に演技の構成を調整し、4回転ジャンプを連続で成功させた。

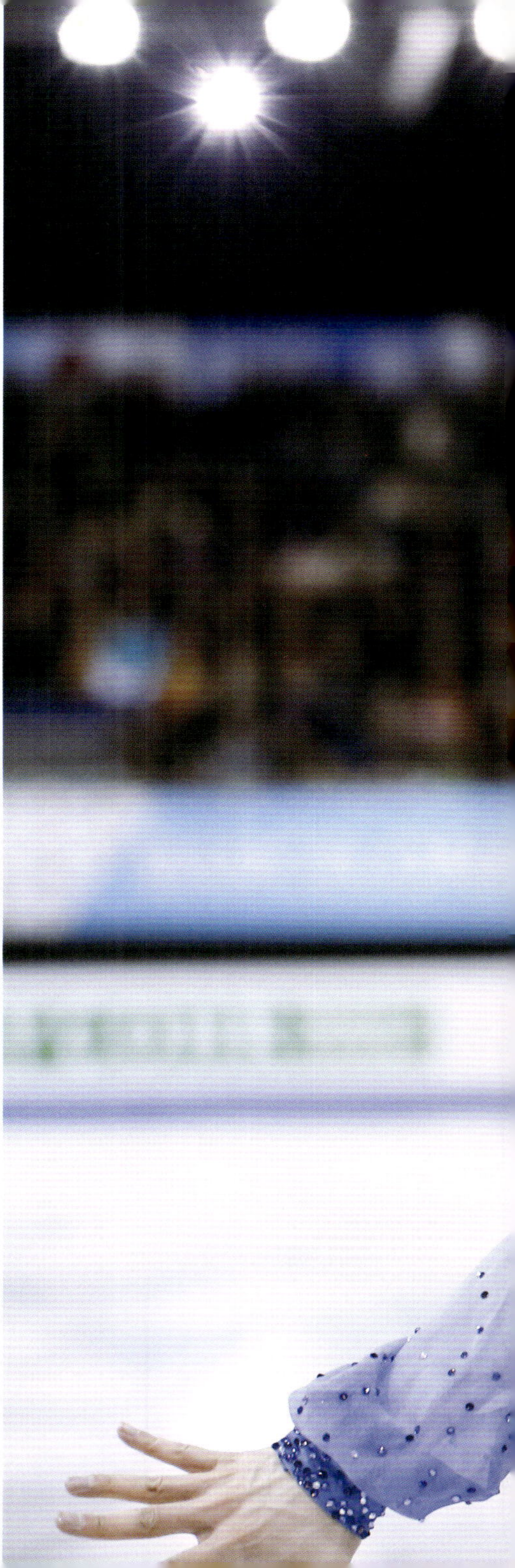

修行僧のような日々

まあ、修行僧みたいな感じ。
だからパパラッチの方とかが来ても
面白くないんだろうなと思う。
リンクに行って、練習して、
帰ってきて、ご飯を食べて、
トレーニングして、
お風呂に入って、寝る、みたいな

2019年9月、オータムクラシック優勝後、「今は4A（4回転半）をやるためにスケートをやっているし、そのために生きている」と語って。

精神と肉体のバランス

今シーズンのGPシリーズ・ロシア大会（2017年10月）の時に、（中略）自分が一番いい精神状態っていつなんだろうと考えていたら、ケガをしている時だと気づきました（笑）。ケガをしていて練習もうまくいかなくて、ジャンプもギリギリの状態の時って一番集中しているし、力が出るなと

五輪連覇を達成した2017-18シーズンを振り返って。来季の試合に関して、どうしたら調子がいい時に、一番いい精神状態になれるかということをいろいろ考えていると話した。

2019年9月、シーズン初戦のオータムクラシック優勝後の取材で「ぶざまな姿は見せたくない。もっと練習します」と語って。

完璧だった自分を超える

自分自身への評価が一番厳しいと思っている。「SEIMEI」と「バラード第1番」のときのノーミスした感覚や、(2017年)ヘルシンキ世界選手権の「ホープ・アンド・レガシー」の感覚を追い求めて、あの完璧だった自分をさらに超えたいという欲がものすごくある。それができたときにやっとアスリートとしていい形だったなと思えるのでは。それ以外は全部かっこ悪い

限界の先へ

今の限界の先へと行けるよう練習していきます

2020年3月18日に開幕予定だった世界選手権が新型コロナウイルスの感染拡大で中止になったことを受けて発表したコメント。コメントには「残念ではありますが、感染拡大のリスクが少しでも減ったことに安堵する気持ちもある」という言葉も。

第3章

覚悟

逆境は
嫌いじゃない

弱さは強さ

逆境は嫌いじゃない。弱いというのは強くなる可能性がある

2018年2月、連覇がかかる平昌冬季五輪の開催を前に心境を語って。ケガをした17-18シーズン、負傷明けの「ぶっつけ本番」で五輪に挑もうとしていた。

アスリートとしての矜持

僕はアスリート。結果を求める。向上心を持つ。目標は常に一緒ではなく、高くなっていく

2015年4月、スポーツ報道以外に露出の機会が増え、有名になることについて「葛藤がある」と語りながら（写真は15年3月の世界選手権）。

KOSÉ

譲れないもの

自分が表現したいことは譲れない

2018年11月、グランプリシリーズ・フィンランド杯開幕前日のインタビューで。このシーズンからのルール改正に合わせて、より高得点を狙える構成に変更する一方で、完成された演技にこだわり、音楽のアレンジや振り付けにも手を加えたことに触れて。

ライバルの存在

全部自信につながるものになったと思うし、いろんなことを考えるきっかけになった。ただそれは隣にいるネーサンが素晴らしい演技をしなければそういうふうに学ぶことができなかった。強くなろうとも思わなかった。ネーサンに感謝したいです

2019年12月、2位に終わったグランプリファイナル終了後、「今大会で得られたもの」について語って。

16歳の決意

「羽生結弦の演技を見て希望を持てた」と言われるような演技をしたい

2011年4月、自らも被災者となった同年3月11日の東日本大震災発生時、仙台市内のリンクで練習中だったことを語るなかで。甚大な被害を目の当たりにし、「スケートをしていていいのか」と自問。一時はスケートをやめようかと思い悩んだことを明かした（写真は11年4月9日、神戸で行われたチャリティー演技会）。

LOTTE

逆境について

つらい経験をするほど、はい上がる力が出ると思う

2015年1月、中日体育賞に選ばれた際に寄せたコメントを紹介する新聞記事のなかで「過去に語った言葉」として紹介された（写真は14年12月、スペインで開催されたグランプリファイナル）。

記憶より記録

結果ってやっぱり大事。
(2019年3月の)埼玉の世界選手権で
銀メダルになったけど、それって
記憶には残っているかもしれないけど
記録には残らない。
それは意味がない。
記録に残してなんぼ

2019年11月、グランプリシリーズ・NHK杯後、一夜明けての会見で。日本開催大会としては16年11月の同大会以来の優勝だった。

前向きな悔しさ

すごい悔しい。
でもこの悔しさは
非常に前向きな悔しさ。
1つとは言わず、10個くらい
皮がむけたなと思えるくらい、
この1か月で追い込んでいきたい

2016年10月、オータムクラシックで優勝するも、フリー後半で連続ジャンプの最初の4回転サルコウが3回転となるなど納得のいく演技ができなかったことについて。

2014年8月、「上月《こうづき》スポーツ賞」表彰式でのスピーチより（写真は2014年4月26日に行われたソチ冬季五輪金メダルの仙台凱旋《がいせん》パレード）。

残酷な努力のテーゼ

スポーツはとても
残酷だと思います。
一番努力した者が、
必ず一番の結果を
出せるものではありません。
しかし、努力しなければ、
結果は決して
残すことはできません

プログラム変更の真意

グランプリ（GP）ファイナル、全日本とあって、難度を高くすることは楽しいし、それを達成できたときの喜びは計り知れないものがある。でも自分が目指しているスケートは、ただ難しいことをするのではないなと思った。自分の呼吸じゃないなと。高難度のものを入れれば入れるほどスケートがおろそかになってしまったり、曲を1回外してジャンプにセットしにいかないといけないというのが、やっぱり嫌だった…。それが耐えきれなかった

2020年2月の四大陸選手権の公式練習後、シーズン途中でプログラムを平昌冬季五輪で金メダルを獲得したときのショート『バラード第1番』、フリー『SEIMEI』に変更した理由について語って。

逆転優勝を決めて

意地と気合です

2014年3月、世界選手権でショートプログラム3位からフリー1位で逆転、総合優勝を決めて。フリーではすべてのジャンプで着氷に成功した。

2018年2月の平昌冬季五輪を
目前に控え「壁」に対峙し、乗り越える方法を問われて。

壁の乗り越え方

（壁を乗り越えるのは）簡単ですよ、物理的にぶつかったときと同じです。精神的に追い詰められて、これ以上先に進めない、絶対に乗り越えられそうにもないと思ったら、壁にドアを付ければ良いのです。そのドアの付け方は人それぞれですよね。僕の場合は、こうして家以外の場で話しているときに「あ、これがドアを開けるカギだったんだ」と気づいたりします。もともと考えることが好きで、良いことも悪いことも受け入れてあれこれ考え、それを理論的に言葉にすることが気づきのきっかけになります。もちろんつらいことがあれば落ち込んでネガティブな気分になりますし、家族の前でネガティブなことばかり言ったりするときもありますけどね。壁の乗り越え方は人それぞれですが、自分の弱みと向き合ってみたら、きっとその乗り越え方が分かると思います

もっと強くなれる

悔しかったけど楽しかった。
改善すべき点を明確に突き付けられたから。
自分はもっと強くなれる。
やりがいがあるからこそ面白い

2011年1月、シニアに転向した10-11シーズンを振り返って。デビュー戦のグランプリシリーズ初戦・NHK杯では4位と上々のスタートを切ったが、続く11月のグランプリシリーズ・ロシア杯ではミスが相次いで7位に。グランプリファイナル出場を逃したことに触れて。

「粗さ」も武器にする

ガラスのピースを1つ1つ積み上げて、きれいなピラミッドにするんじゃなくて、粗くてもいいから頂点まで絶対にたどりつくという地力も必要。もろいからこそ、積み上がったときにすごくきれいなものになるというのも僕の特長

2017年9月、オータムクラシックで2位に終わったあとのインタビューで。フリーの演技では集中力不足だったと語るなかで。

悔しさは忘れない

失敗があればあるほど悔しい気持ちがあって、それが成長につながると思っているので、別に切り替えなくていい。悔しい気持ちがあるから、明日ワクワクできる

2017年4月、世界国別対抗戦ショートプログラムで7位となった直後。同シーズン最後の演技となるフリーを翌日に控え、気持ちの持っていき方について問われて。

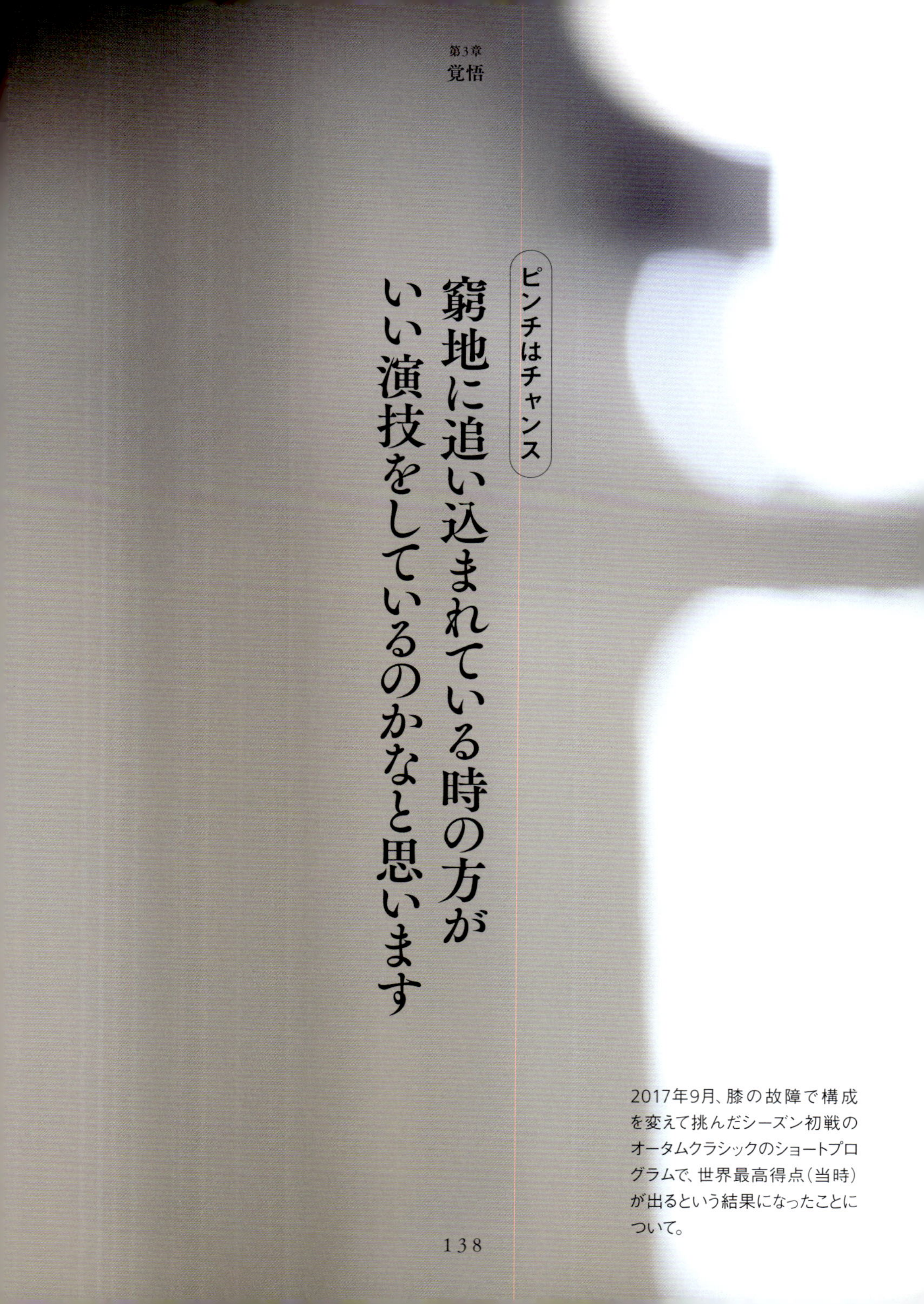

ピンチはチャンス

窮地に追い込まれている時の方がいい演技をしているのかなと思います

2017年9月、膝の故障で構成を変えて挑んだシーズン初戦のオータムクラシックのショートプログラムで、世界最高得点（当時）が出るという結果になったことについて。

前を向くために

時間じゃないんだなって思いましたね。
精神的な疲れや心の暗い部分から一度、
目を背けてもいい。
今回落ち込んで
それを見つけたと思います

2012年12月の全日本選手権のエキシビションで、同学年の日野龍樹《りゅうじゅ》選手（中京大中京高・当時）たちと交流して、「（東日本大震災で環境が大きく変わったことによる負担があったが）すごく心が軽くなった」と語って。

第4章

原点

スケートが好きだから

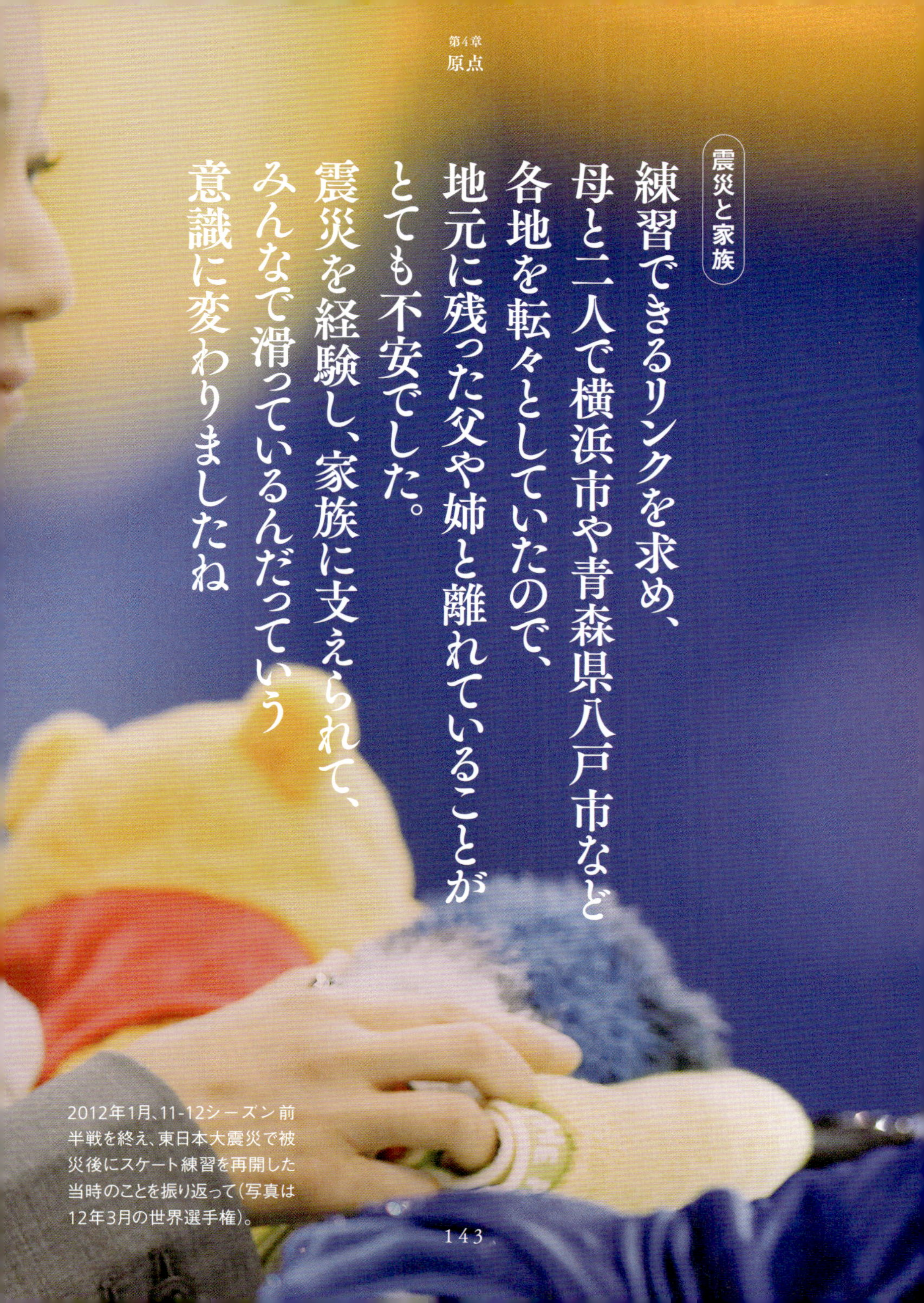

震災と家族

練習できるリンクを求め、
母と二人で横浜市や青森県八戸市など
各地を転々としていたので、
地元に残った父や姉と離れていることが
とても不安でした。
震災を経験し、家族に支えられて、
みんなで滑っているんだっていう
意識に変わりましたね

2012年1月、11-12シーズン前半戦を終え、東日本大震災で被災後にスケート練習を再開した当時のことを振り返って（写真は12年3月の世界選手権）。

新・SEIMEI

前より、感情が緩やかになったと思う。もっと殺伐としていて、結界を張って、何かと戦っていて、はね返すみたいなところがあったと思うんですよね。それはある意味、『陰陽師』という映画の中の安倍晴明にちょっと近づいてきたのかなという感じはしなくはないですね

2020年2月、四大陸選手権で大会初優勝後に。この大会からフリーのプログラムを『SEIMEI』に変更していたが、以前の同プログラムとの違いについて語って。

リンクに立ち続ける理由

プライドを守るためにスケートをするのではなく、スケートが、ジャンプが好きだから

2014年12月、全日本選手権優勝後に。同年11月のグランプリシリーズ・中国杯の練習中に衝突事故で負傷し、続くグランプリシリーズ・NHK杯では納得いく演技ができなかったが、それでもリンクに立ち続けた理由について。

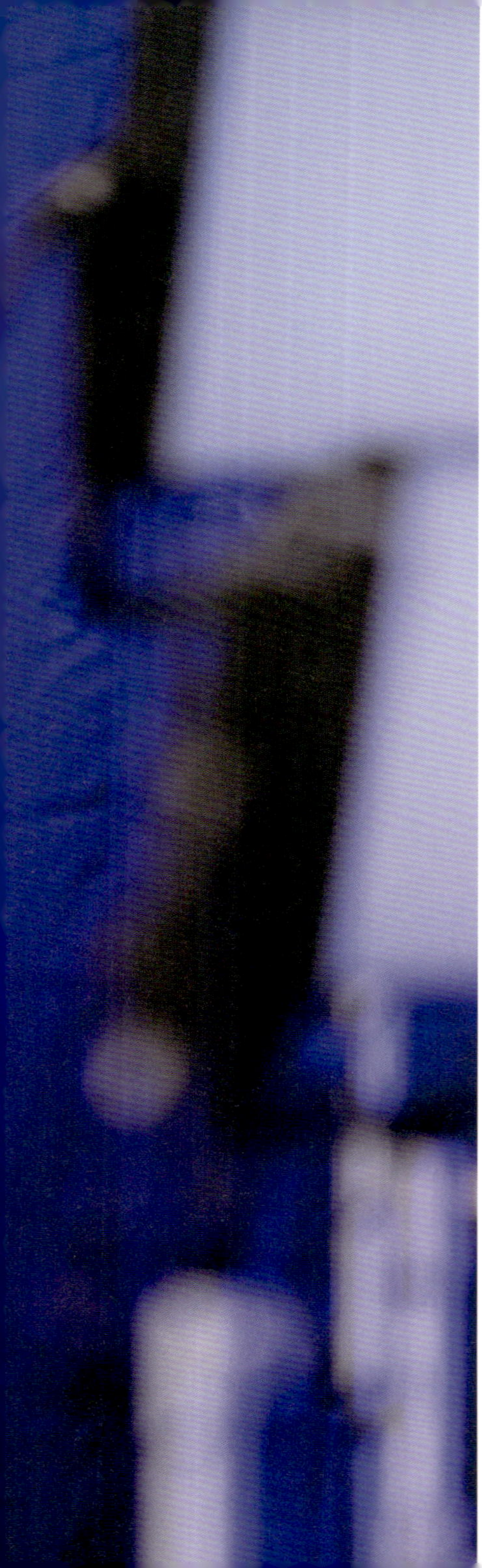

〝9歳の羽生結弦〟との戦い

9歳で初めて全日本ノービスを優勝したときの、自信しかない自信の塊みたいな自分がいて。そのときの自分にずっと「お前まだまだだろ」って言われてる感じがしている

2019年11月、グランプリシリーズ・NHK杯で優勝、一夜明けてインタビューに応じて。前季の世界選手権で敗れたネーサン・チェンへの雪辱を期す一方で、初めて全日本ノービスを制した"9歳の羽生結弦"と戦っていることを明かした。

重圧をエネルギーに

プレッシャーは期待された時の「義務」。自分はそれをエネルギーにしたい

2012年12月のグランプリファイナル後に体調を崩し、その数週間後に臨んだ全日本選手権のショートプログラムで1位となったあとに。

ポジティブなリミッター

陸上で何が、氷上で何ができるかと
綿密に考えている。
経験値を生かし、
ポジティブなリミッターを氷上でかけて、
陸上でできることを
ちょっとずつ増やしている

2019年11月、グランプリシリーズ・NHK杯の前日会見で。グランプリファイナル進出へ向けた意気込みを語るなかで、「ケガを防ぐためにしていること」に触れて。

ニチレイ
LOTTE

生きていてよかった

やっぱり感慨深いものがあった。
こうやって
生きていてよかったと
思える瞬間の一つだった

2018年2月、右足首の負傷から復帰し達成した五輪連覇の心境を語って。

世界王者に勝利して

勝ち負けよりも、どれだけ成長できるか、どんな経験ができるかなので

2013年12月、グランプリファイナルで世界選手権3連覇中のパトリック・チャンを抑え大会初優勝。そのチャンへの意識を問われるとこう語った。

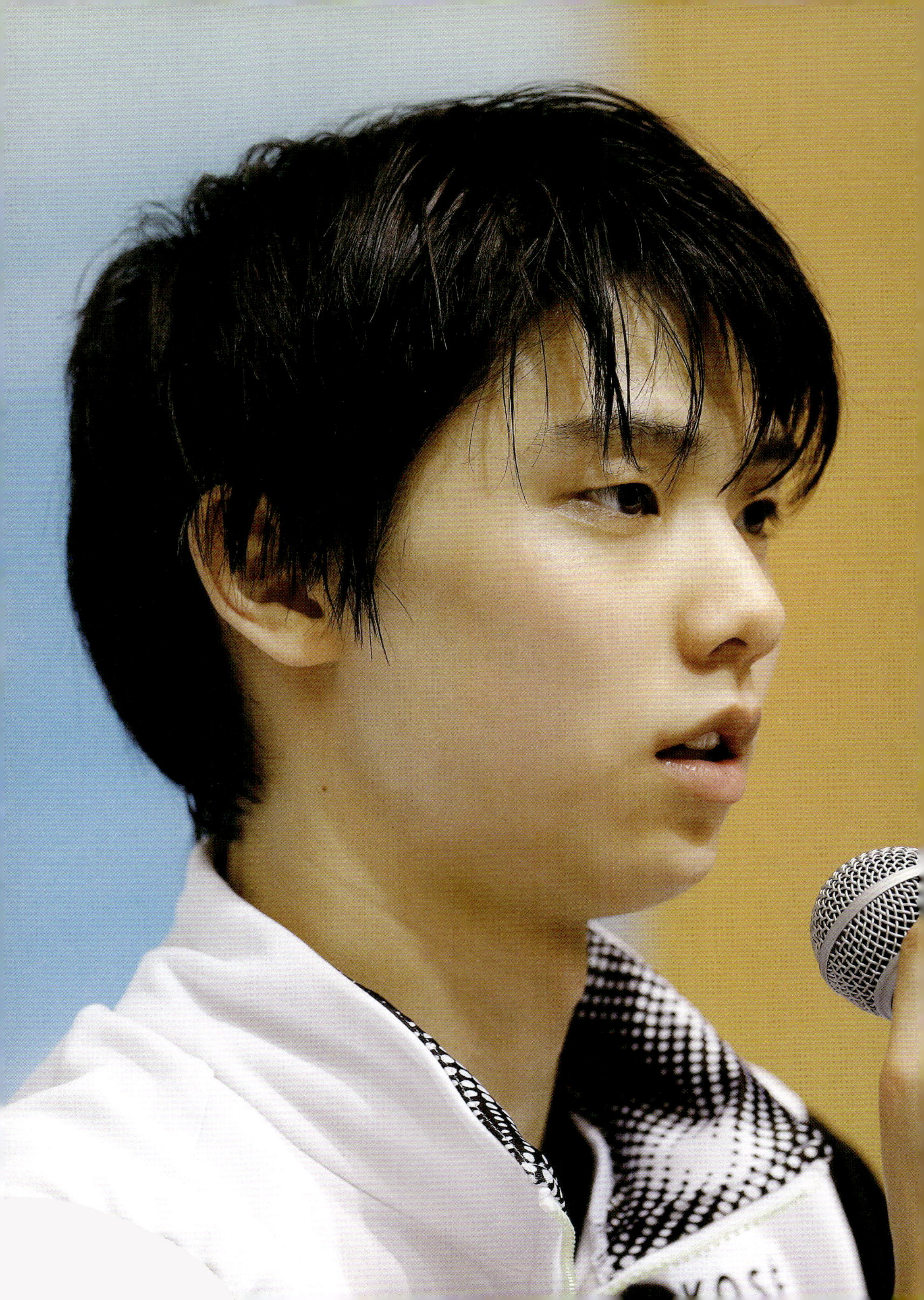

UNDER ARMOUR

挑む心

守ることや捨てることは、いつでもできる

2017年10月、グランプリシリーズ・ロシア杯開幕前日の公式練習後に。フリーでルッツの4回転ジャンプに挑む心境について。

LES ESTRELLES
YUZURU HANYU
JAVIER FERNANDEZ

コンディション調整のコツ

結局、自分の身体は
自分でしかわからないし、
自分の疲れも自分でしかわからないし、
自分のストレス具合だって
自分しかわからないんです

2015年10月、試合の直前までにコンディションを調整するコツについて語って。

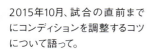

言葉にすることの意味

そもそも、(自分は)すごい理論武装している。感覚人間だからこそ、感覚に自信を持ちたい。だから、理論武装するんですよ。緊張した時にどうするか、負けた後にどうするか、悔しい後にどうするか。全部言葉にして、理論として固めて、感覚を確かめたい。そういうところが、また強さに変わってくると思う

2019年9月、オータムクラシック優勝後の取材で、自らの演技を振り返り語って。「ありがとうございます。(おかげで)分析できました」と、質問した記者に感謝の言葉を述べた。

Ростелеком

ジャンプは「相棒」

スケートって芸術性も大事だし、そういうところに特化したいという気持ちももちろんあるが、それじゃ試合じゃないだろうというのが僕の気持ち。ジャンプは僕にとって相棒的なものなので

2017年10月、グランプリシリーズ・ロシア杯2位後、初挑戦し成功させた4回転ルッツへの思いを語って。

過去の栄光は捨て去る

見る人にとって肩書や今までの成績は関係あるかもしれないが、僕は一緒。特に変わりはない

2014年11月、グランプリシリーズ・中国杯を目前に控えて。前季はグランプリファイナル、五輪、世界選手権を初制覇した。

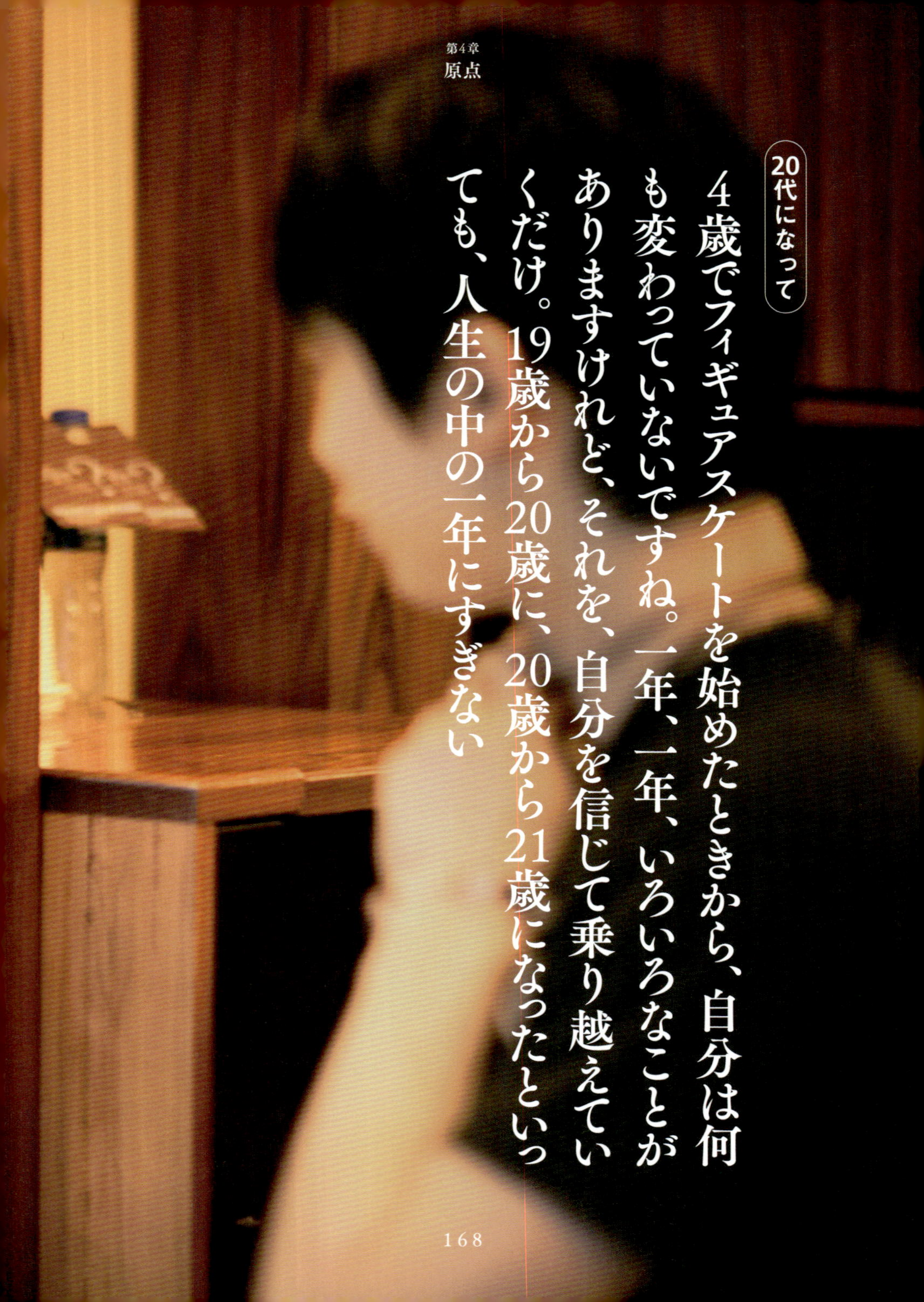

20代になって

4歳でフィギュアスケートを始めたときから、自分は何も変わっていないですね。一年、一年、いろいろなことがありますけれど、それを、自分を信じて乗り越えていくだけ。19歳から20歳に、20歳から21歳になったといっても、人生の中の一年にすぎない

2015年12月、雑誌のインタビューで「20代になって、自分が変わった、大人になったと感じることは?」という質問を受け、語って。

日本人と感謝の心

日本人の感謝の気持ちということは、
日本人が絶対に持たなきゃ
いけないものだと思いますし、
僕自身もすごく
大切にしていることです

2018年2月、平昌冬季五輪優勝後の記者会見で。支えてくれている人々へ感謝の思いを届けることを大切にしていると語って。

国民栄誉賞の意味

僕にしかできないこと、僕しか感じてこられなかったこと、僕しか学べなかったことを伝えていける存在になりたい

2018年7月、国民栄誉賞表彰式で「スポーツ界でどんな役割を担っていくのか」と問われて。

試合前のルーティン

ベッドのシーツ、枕など、
そういったものはきれいにしてから出ている。
荷物の整理とか、しっかりきれいにしてから、
心残りがない状態で
試合に行くということはしている

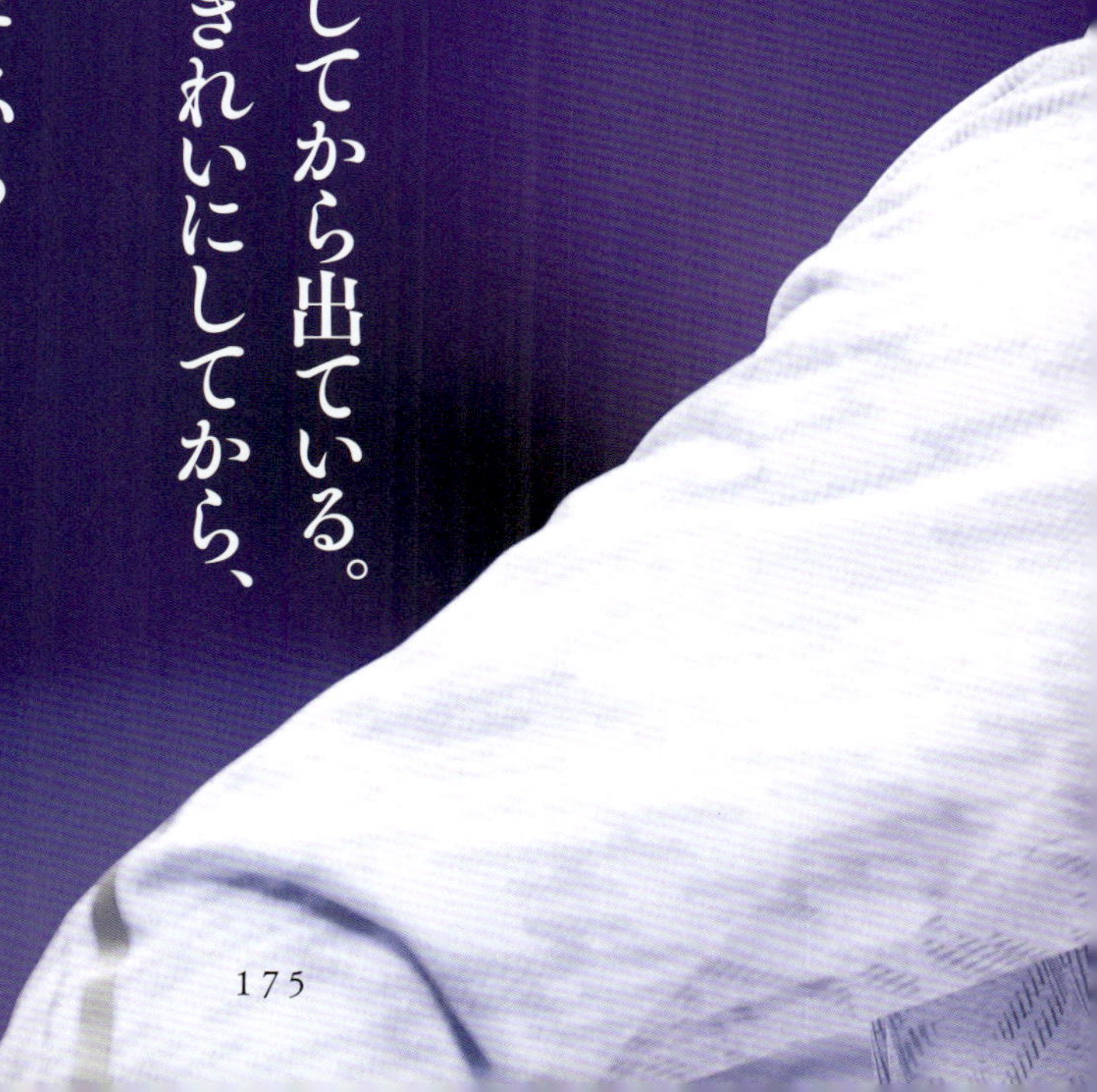

2018年2月、五輪連覇達成後に日本外国特派員協会の会見で語って。

KOSÉ
Mizuno
ニチレイ
LOTTE

子どもの頃から大切にしていること

僕は、会場に入るとき、出るとき、リンクに入るとき、出るとき、必ず挨拶をします。リンク自体は、意思を持たない"場所"ですけれど、そこには整氷してくださる方がいて、もっと言えば、建ててくれた人の気持ちがこもっていると思っている。だからこそ、感謝の気持ちが自然に湧いてくる。それは、ぬいぐるみであれ、この椅子であれ、同じこと。(中略)小さいころから、なぜか、そんなふうに思っていました

2015年12月、子どもの頃から変わらずに大切にしていることについて語って。

黄色いクマの行方

森に帰りました。すごくこの言葉が好きで。ファンタジーで、良いのかなと思いました

2018年2月、平昌冬季五輪から帰国後の記者会見でクマのぬいぐるみの行方を聞かれて。

MARUHAN

憧れの存在

彼に憧れ、まねをしてここまで来た。彼に育ててもらったといっても過言ではない

2017年4月、世界選手権のフリーで自身の持つ世界最高得点(当時)を更新し優勝。一夜明け、ずっと憧れの存在だったエフゲニー・プルシェンコの引退表明のニュースについて問われて。

第5章
理想
ノーミス以外は敗北

自分の演技とは？

自分の演技＝ノーミス。しかもただノーミスじゃなくて、完成されたノーミスが自分の演技だと思ってる。それをやったら誰もかなわないと自負してますし、その自信を過信にならないようにさらにさらに突き詰めて練習していかないといけない

2017年2月、四大陸選手権のフリー後にインタビューを受け、「ワンミスが命取り」となる世界に突入しつつあることについてどう考えるか、という問いに答えて。

ノーミス以外は敗北

ノーミス以外は敗北みたいな感覚が常につきまとった状態で試合をやっている

2019年9月、オータムクラシック優勝後に。初戦を終えての感想を求められて。

第5章
理想

世界最高得点を更新も

「絶対王者」という響きに合う
スケーターだとは思っていない

2015年12月、グランプリファイナルで世界最高得点を更新（330.43点。当時）し3連覇を達成するも、ステップで得点を取りこぼしたことに言及して。

「羽生結弦」の勝ち方

誰に勝ちたいとかじゃなくて、己に勝ったうえで勝ちたい

2019年3月の世界選手権に向けての心境を語って。前年11月のグランプリシリーズ・ロシア杯で右足首を負傷後、初となる大会だった(写真は世界選手権エキシビション)。

いとしの『バラ1』

久しぶりに考えずにいけました（笑）。このプログラムはやはり自分のプログラム。本当に数え切れないくらい試合で滑ることになっていますけど、自分の中ではワインやチーズみたいなもので、なんか滑れば滑るほど、時間をかければかけるほど、熟成されていって、いろんな深みが出るプログラムだと思う

2020年2月、四大陸選手権ショートプログラムで、自身の世界最高得点を更新する111.82点をマーク、「無心で滑ったのか」と問われて。19-20シーズンはこの大会から五輪連覇を達成したプログラム『バラード第1番』に変更していた。

WORLD
FIGURE
SKATING
CHAMPIONSHIPS
HELSINKI2017
ISU 125 YEARS
LOTTE

ノーミスへの渇望

きっとまた(この世界最高得点に)捕らわれると思う。でも、この捕らわれがあるから、こんなにもノーミスへの渇望が生まれる。ノーミスできない自分に強くいらだって練習していくと思う

2017年4月の世界選手権で更新したフリー世界最高得点＝223.20点(当時)について語って。

笑顔の効用

笑顔にはいろんな効用があります。
演技を見てくれる皆さんにも
影響を与えるけれど、
自分にも効果があります。
笑っただけでも
心が豊かになります

2016-17シーズンを前に、フリーの曲、『Hope&Legacy』が心からの笑顔で演技できる曲だと語って(写真は16年11月のNHK杯)。

ARY CO
GU
TION!

強さの秘密

フィギュアはお客さんが
選手一人にしか集中しない。
その感覚が
すごく好きなんです。
そこを楽しめるところに
ちょっと秘密があるのかな

2017年4月、故郷・仙台市で行われた自身のモニュメント除幕式で。「自身の強さはどこにあるか?」と問われて(写真は17年2月の四大陸選手権)。

大学進学の理由

陸上や野球はすごく科学的にも証明されていることが多いのに対し、スケートは、これだけ人気になってもまだまだ解明されていない部分が多いように感じます。だからこそ、自分で考えなきゃいけないし、それゆえの面白さもある。スケーターとしての視点の幅を広げたいというのが、大学進学を決めたきっかけです

2014年1月、ソチ冬季五輪への出場を間近に控えインタビューを受けるなかで、「大学に進学した理由」について尋ねられて。

五輪連覇達成で

自分がスケートを始めたきっかけというのは、やっぱり楽しかったからであって、自分の夢を追いかける過程が楽しかったからです。今まで歩んできた大変だった道のりをいろいろ思い返しているなかで、自分に対して恩返しというか、自分が報われるようなことをしてあげたいという気持ちになりました

2018年2月の平昌冬季五輪で金メダルを獲得、「五輪連覇」を成し遂げたあとの心境について語って。

「ソチの金」と「平昌の金」

ソチの時はもっと未来に目が向いていて、この金メダルから次の金メダルへ、また走っていくんだという気持ちだった。今回は、みなさんの応援を受け止め切れて、みなさんの応援が詰まった金メダルをかけていると実感している

平昌冬季五輪優勝後の2018年4月、故郷・仙台市内で行われた凱旋パレードで。パレード道中では感謝の気持ちとともに手を振り続けた。

地元・仙台への思い

地元だからこその光景、自分にしか味わえない光景、自分にしか味わえない気持ちの量だったり質だったりだと思うので、そういったものをしっかりと心の中に持ち続けて、これからも過ごしていきたいなと思える瞬間でした

2018年4月、故郷・仙台市内で行われた凱旋パレードで。

成長の原動力

世界選手権やオリンピックで金メダルとか、大きな結果はみんなに勇気をもたらすと思います。僕自身もそうだったので。僕が今そういう存在になれているというのはうれしい。期待や応援に応えたいという気持ちが原動力にもなっているので、これからも

どんどん成長していきたい

2017年4月、故郷・仙台市で行われた自身のモニュメント除幕式で、今後の抱負について問われて。

2 1:47:03
高橋 大輔
Team D
SOCHI 2014
高橋大輔
Yuzu
SOCHI 2014
SOCHI 2014

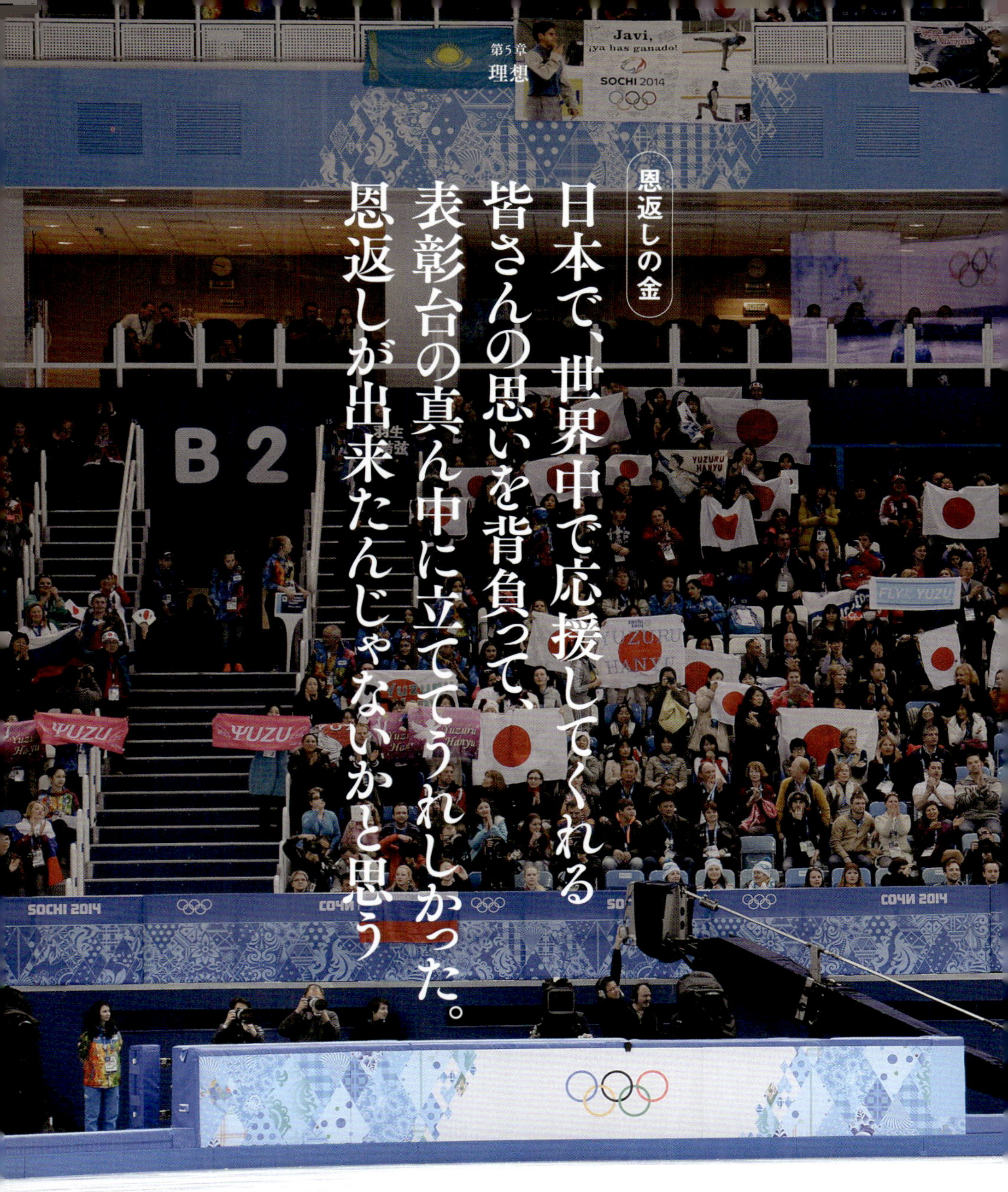

恩返しの金

日本で、世界中で応援してくれる
皆さんの思いを背負って、
表彰台の真ん中に立ててうれしかった。
恩返しが出来たんじゃないかと思う

2014年2月、ソチ冬季五輪で優
勝後のコメント。

新しい武器

4回転半《ジャンプ》に挑戦したい
気持ちが強い。
これから戦う上で、
自分の武器となる何かを
付け加えなくてはいけない。
新たな武器をつくって、
「令和」に向けて頑張りたい

2019年4月、出身地である仙台市での新モニュメント発表記者会見で、「『令和』に向けた意気込みは?」との質問に答えて。

第6章

進化

努力は
ウソをつく

切り替える力

悔しいって言っていてもしょうがない。これからの1分1秒をどう過ごすかを考えてやっていきたい

2019年12月のグランプリファイナル、ショートプログラムではネーサン・チェンと12.95点差の2位。フリーへの意気込みを語って。

失ってわかること

滑れない痛みが分かるからこそ、
練習をする楽しさが分かる。
好きなことを一生懸命できる
幸せをかみしめながら、
一日一日を過ごさないといけない

2015年1月、中日体育賞に選ばれてのコメント。経営難や東日本大震災によるリンク閉鎖の影響でスケートが続けられなくなった過去の経験に触れて。

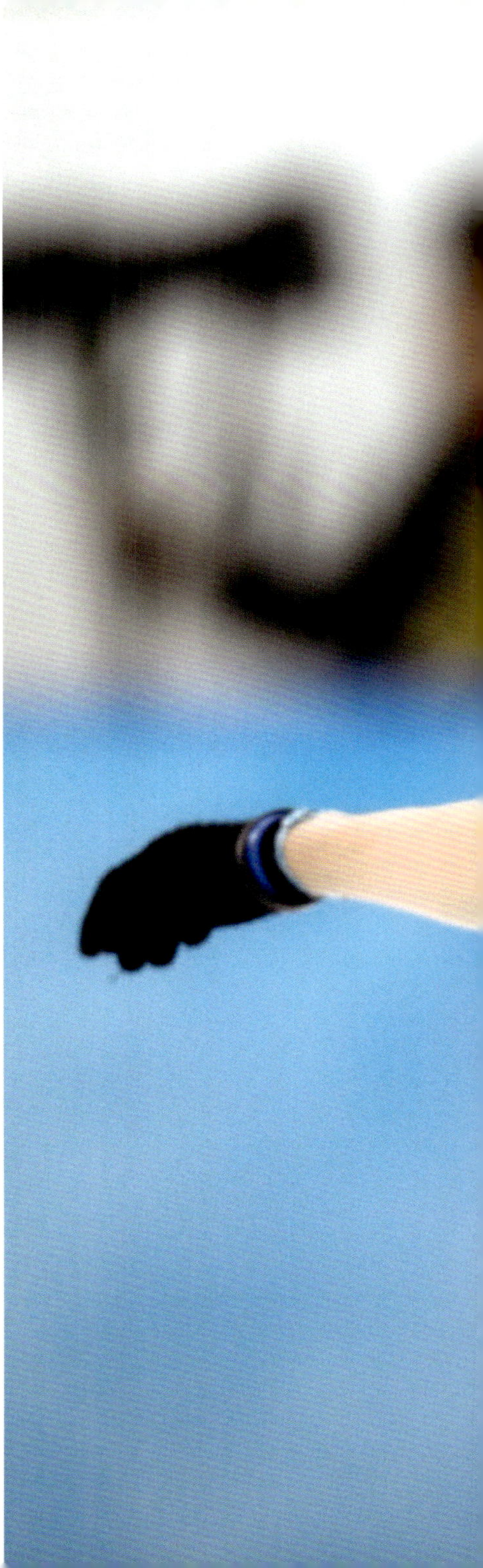

積み上げてきたもの

練習にしても私生活にしても、すべてをスケートのために使い切るにはどうしたらいいかとずっと考えて過ごしてきています。もちろん、結果が出なくてすごく苦しかったりすることもありますが、積み上げてきたものは、間違いなく積み上がっているんだなという感覚はあります

2017-18シーズンのグランプリシリーズ初戦、10月のロシア杯後のインタビューで。この大会ではフリー冒頭に4回転ルッツを入れ、初めて公式戦で成功させた。これまでのグランプリシリーズ初戦と比較して大幅に得点が上がったことに触れて。

2020年2月、四大陸選手権でショートプログラム1位に続きフリーでも1位の187.60点をマークし大会初優勝。この大会はシーズン途中にもかかわらず平昌冬季五輪のプログラムに変更していた。試合後のインタビューで、それまで使用していたプログラムに感謝の気持ちを述べたあと続けた。

たどりついた境地

フィギュアスケートって毎年新しいものをやる。（同じプログラムは）やってても2年くらい。それって、本当にそれが全て真理なのかなと思っていて。伝統芸能だとか、もっと語り継がれるものは、何回もやる。バレエにしても、オペラにしても。だから、自分もそういう道にいてもいいんじゃないかな、と。もっと極められるものもあると思う。むしろ同じものをやるってめちゃくちゃ怖い。評価の対象が自分だから。しかも最高の自分の状態に比べられちゃうので、すごい怖いけど、それでもそれよりも上にいけるようにっていうのは常に考えているから。それもまた一つの形なんじゃないかなと。（これまでのフリーの）『オリジン』、（同SPの）『オトナル（秋によせて）』を通してここにきたからこそ、思います

今しかできないことを

**今まで「今まで通り」と考えていた。
今できることは、今しかできない。
今できることを精いっぱいやって、
それを楽しみ、
感謝の気持ちを持ちながらやりたい**

2014年12月のグランプリファイナル公式練習後、「今大会でやろうと思っていることは?」と問われて。

自分に勝った

久しぶりに心の中から自分に勝ったと思える演技ができた

2019年10月、グランプリシリーズ・スケートカナダで大会初優勝後の会見で。フリー、合計ともに自己ベストを更新する圧倒的な演技で勝利した。

ケガとの向き合い方

スケートをできる時期と
できない時期があるんだなと。
できるときにできることを
精いっぱいやる。
できないときはそのときに
できることをやる

平昌冬季五輪から帰国後の記者会見で「（11月の）NHK杯でケガをして思ったことは？」との質問に答えて。

「他者の視点」の大切さ

自分だけの視点で、
自分の問題をつきつめてしまうと
自分でイメージできる範囲内でしか
問題を解決できなくなるんです。
だからこそいろいろな視点で
見てもらうことが
必要だと思っています

2016-17シーズンを前に、雑誌のインタビューに応えて。カナダ・クリケットクラブのコーチ陣からの細やかなアドバイスやサポートのおかげで「調子を戻すことができた」と語った。

震災の悲しみを超えて

すべての部分で、感情のレベルが1段階、2段階上がったと思う。悲しみであり、喜びであり、震災でスケートができなかったつらさ、周囲の人々の助けとなりたくても、できないもどかしさ、それをこれ以上ないくらい感じた。それが演技の幅にもなると思います

2011年8月、自らも被災者となった同年3月の東日本大震災で、自分がどのように変わったかを問われて（写真は12年3月の世界選手権）。

ANA

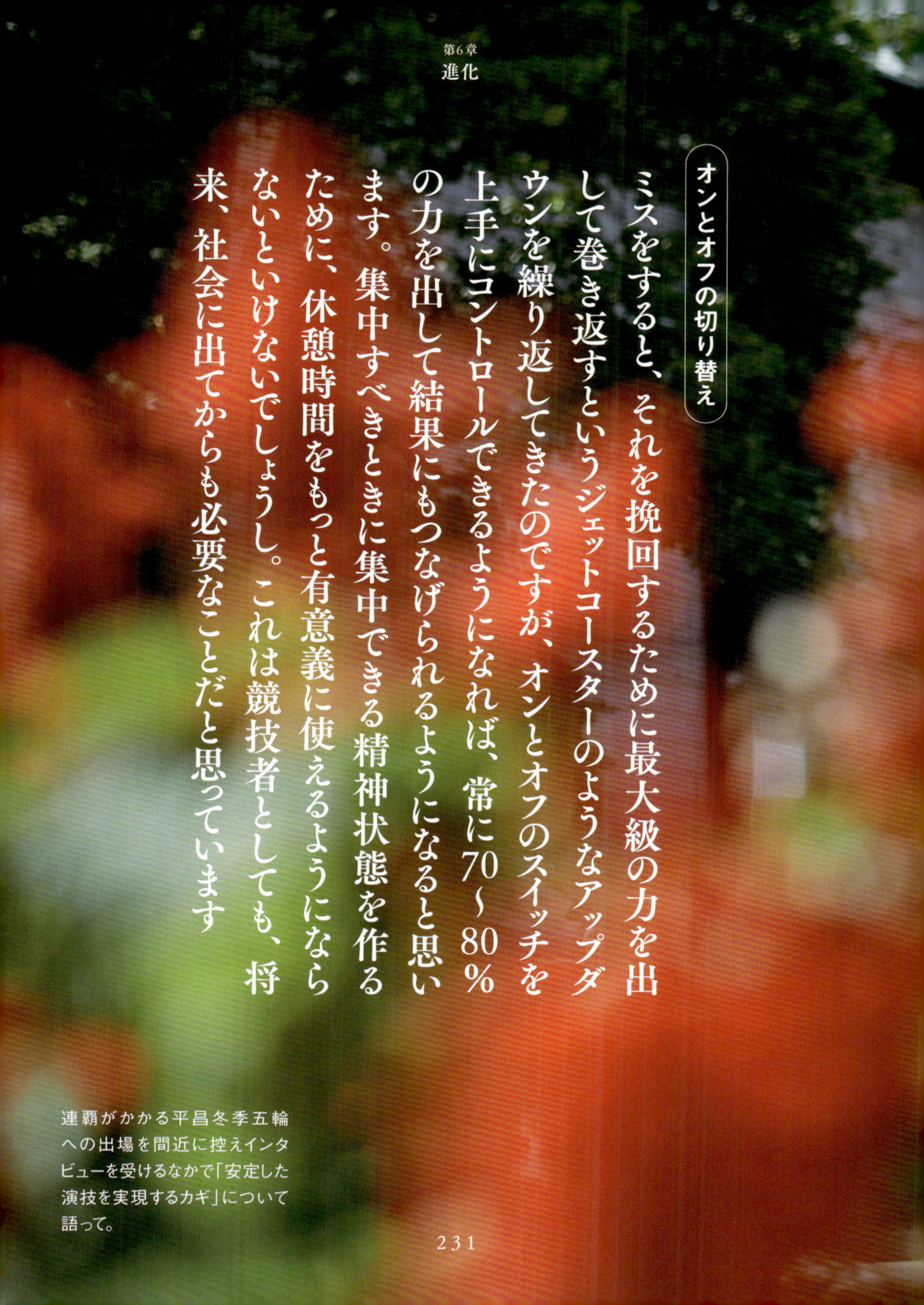

オンとオフの切り替え

ミスをすると、それを挽回するために最大級の力を出して巻き返すというジェットコースターのようなアップダウンを繰り返してきたのですが、オンとオフのスイッチを上手にコントロールできるようになれば、常に70〜80%の力を出して結果にもつなげられるようになると思います。集中すべきときに集中できる精神状態を作るために、休憩時間をもっと有意義に使えるようにならないといけないでしょうし。これは競技者としても、将来、社会に出てからも必要なことだと思っています

連覇がかかる平昌冬季五輪への出場を間近に控えインタビューを受けるなかで「安定した演技を実現するカギ」について語って。

自分を貫く

自分を貫いていると何かしら言われることがたくさんあると思いますし、もちろん家族に心配されたり、逆に家族に文句を言われたりとか。本当に信じている人に裏切られたりするかもしれません。ただ、そうやって自分自身を貫くことによって、後悔は絶対しないと思います

2018年2月の平昌冬季五輪から帰国後、日本記者クラブの会見で求められ「自分自身を貫く」と揮《き》毫《ごう》した理由について尋ねられて。

理論は理論にすぎない

（首位の町田樹選手と）約7点も点差がついて、「もう理論なんて言ってられない」と思ったんです。理論で自分の怒りの気持ちを縛り付けるんじゃなくて、理論は頭の中に入ってるんだから、それを応用しながら、自分の感情を素直に受け止めようと思いました。要するに、最後は自分に正直になるしかないということ。理論は理論にすぎない。理論を自己流に使い切るためには、自分の気持ちも大切だったんです。そこに気づきました

2014年3月の世界選手権、ショートプログラム後の心境の変化について語って。ショートプログラムでは首位の町田樹選手と約7点もの差がついたが、フリーで1位となり逆転優勝した。

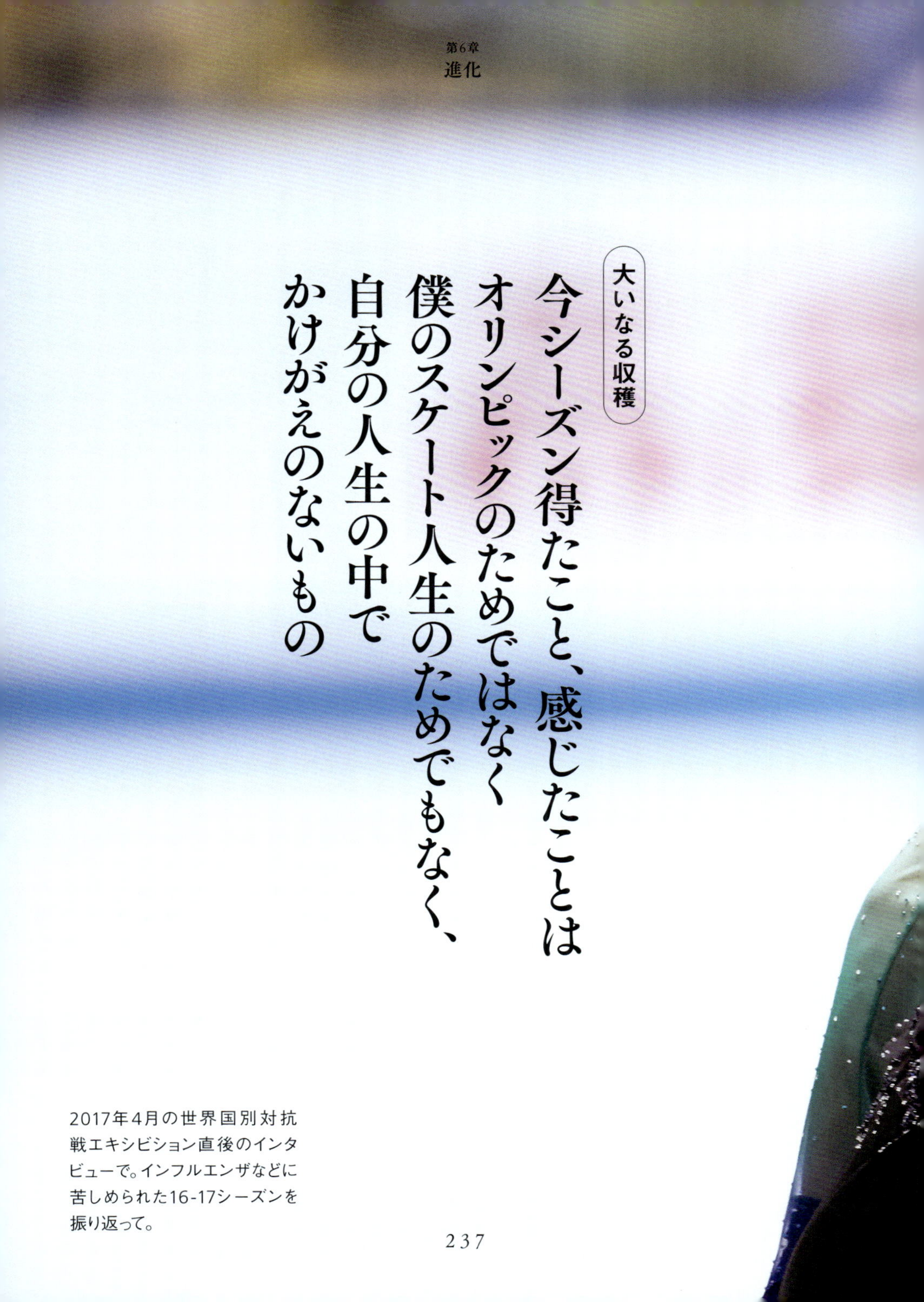

大いなる収穫

今シーズン得たこと、感じたことは
オリンピックのためではなく
僕のスケート人生のためでもなく、
自分の人生の中で
かけがえのないもの

2017年4月の世界国別対抗戦エキシビション直後のインタビューで。インフルエンザなどに苦しめられた16-17シーズンを振り返って。

練習は「宝」

練習って大事だな。1年間やってきたことは1カ月ぐらいでなくならないんだなと実感した

2013年3月の世界選手権で4位。インフルエンザ、左膝負傷によって合計17日間練習ができずに臨んだ大会だった。

スケートは心の支え

以前より、フィギュアスケートが、より心の支えになったなと思います。例えば生活していて、いろいろなことに苦しくなったり投げ出したくなったとしても、スケートで調子がよかったりすると「やっぱりこれが自分自身だな」と思える。好きなように表現できる、そういう場ってなかなかないですよね。そういう場所が僕にとってのフィギュアスケートというものだと思います。スケートを続けてよかったな

2017年8月、平昌冬季五輪のシーズンを迎えた最近の思いについて語って。

「努力の正解」

努力はウソをつく。
でも、無駄にはならない。
「努力の正解」を
見つけることが大切

2016年9月、テレビ番組で「未来のヒーローへ贈るメッセージ」を尋ねられて。

KA
都道

「いつか報われる瞬間」を信じて

神頼みじゃないですけどね、正しく努力をして、正しくいろんな力を使って、貪欲に努力していれば、なんか報われる瞬間が、いつか奇跡だったとしても来るんじゃないかなって思っていて。それを待ちながら、苦しみもがき続けたいなって思ってます

2019年12月、2位に終わった全日本選手権の翌日に取材を受けて。結果が出せない、いい演技ができない、という苦しみとともに今までずっとスケートをしてきた、と語って。

前人未到の領域へ

最強でありたい！

2019年11月、グランプリシリーズ・NHK杯優勝から一夜明けて、エキシビションの演技終了直後に叫んだ言葉。

〈完全年表〉羽生結弦25年の歩み

年	月	歳	出来事
1994年	12月	0歳	・12月7日、宮城県仙台市に生まれる
1999年		4歳	・泉DOSCアイスアリーナ(現・アイスリンク仙台)でスケートを始める
2004年	10月	9歳	・全日本ノービス選手権(Bクラス)で優勝
2007年	10月	12歳	・全日本ノービス選手権(Aクラス)で優勝
	11月		・全日本ジュニア選手権で3位。ノービスの選手のメダル獲得は日本男子史上初
2008年	11月	13歳	・全日本ジュニア選手権で初優勝
	12月	14歳	・全日本選手権に初出場で8位
2009年	11月		・全日本ジュニア選手権を連覇
	12月		・男子史上最年少(14歳)でジュニアグランプリファイナル総合優勝
		15歳	・全日本選手権で6位
2010年	3月		・世界ジュニア選手権で初優勝。髙橋大輔、織田信成、小塚崇彦に続き、日本男子では4人目。中学生での優勝は日本男子初
	4月		・東北高校に入学

10月　・シニアデビュー戦となるグランプリシリーズ・NHK杯で4位。初の4回転トウループ成功
12月　16歳　・全日本選手権で4位

2011年
2月　・四大陸選手権で2位。四大陸選手権史上、男子では最年少（16歳）のメダリストに
3月　・東日本大震災、発生。仙台市で被災
9月　・ネーベルホルン杯で優勝。シニアクラスの国際大会初優勝
11月　・グランプリシリーズ・ロシア杯でグランプリシリーズ初優勝
12月　17歳　・グランプリファイナルで4位
・全日本選手権で3位、世界選手権代表に選出

2012年
3月　・初出場の世界選手権で銅メダル。日本男子史上最年少（17歳3カ月）のメダリストに
4月　・ブライアン・オーサー・コーチに師事、5月から練習拠点をカナダ・トロントに
10月　・フィンランディア杯で優勝
・グランプリシリーズ・スケートアメリカで2位。ショートプログラム世界歴代最高得点を記録
11月　・グランプリシリーズ・NHK杯で優勝。ショートプログラム世界歴代最高得点を更新
12月　18歳　・グランプリファイナルで2位
・全日本選手権で初優勝

2013年
2月　・四大陸選手権で2位
3月　・世界選手権で4位
4月　・早稲田大学入学
7月　・ANAと所属契約を結ぶ
10月　・フィンランディア杯を連覇
12月　・グランプリファイナルで初優勝。ショートプログラムで世界歴代最高得点を更新

19歳　・全日本選手権を連覇

2014年　2月　・ソチ五輪の団体戦ショートプログラム1位、日本代表は総合5位。男子シングルではショートプログラムで世界歴代最高得点かつ、史上初の100点超えを達成、アジア人初の金メダル

3月　・世界選手権で初優勝。日本人初の「グランプリファイナル・五輪・世界選手権」の3冠を達成

4月　・紫綬褒章を受章

11月　・グランプリシリーズ・中国杯のフリー直前練習で、選手と衝突するアクシデントに見舞われるも試合に出場し銀メダル獲得

12月　20歳　・グランプリファイナルで日本人男子初の連覇。フリーの自己ベストを更新

・全日本選手権を3連覇

2015年　3月　・世界選手権で2位

11月　・グランプリシリーズ・NHK杯で優勝。ショートプログラム、フリー、合計すべての得点で世界記録を更新

12月　21歳　・グランプリファイナルを3連覇。ショートプログラム、フリー、合計すべての得点で再び世界記録を更新

・全日本選手権を4連覇

2016年　4月　・世界選手権で2位

10月　・オータムクラシックで優勝。ISU公認大会では史上初となる4回転ループを2度成功させる

11月　・グランプリシリーズ・NHK杯を連覇

12月　22歳　・グランプリファイナルを4連覇。男女を通じて史上初の快挙

・インフルエンザで全日本選手権を欠場

2017年　4月　・世界選手権で2度目の優勝。自らのフリー世界歴代最高得点を更新

・世界国別対抗戦で史上初となる3本の4回転ジャンプに成功

9月 ・功績をたたえるモニュメントが仙台市に設置され、除幕式に参加
11月 ・オータムクラシックのショートプログラムで自らの世界歴代最高得点を更新するも、総合2位に
・グランプリシリーズ・NHK杯の公式練習で右足首を負傷、以降の大会を欠場

2018年
2月 23歳 ・平昌五輪で金メダル。フィギュア男子シングルでは66年ぶりの快挙
4月 ・2度目の紫綬褒章を受章
7月 ・個人としては史上最年少の23歳で国民栄誉賞を受賞
9月 ・オータムクラシックで優勝
11月 ・グランプリシリーズ・フィンランド杯で優勝。ショートプログラム、フリー、合計すべての得点でルール改正後の最高得点をマークし、グランプリシリーズ初戦では初となる優勝を飾る
・グランプリシリーズ・ロシア杯でフリー前の公式練習で右足首を再び負傷するも、試合に出場し優勝
12月 ・ケガの療養のためグランプリファイナル欠場

2019年
3月 24歳 ・世界選手権で2位。新採点方式では、フリーで200点超えをマークし総合300点超の第一号となったが、ネーサン・チェンに敗れる
9月 ・オータムクラシックを連覇
10月 ・グランプリシリーズ・スケートカナダで優勝
11月 ・グランプリシリーズ・NHK杯で4度目の優勝
12月 25歳 ・グランプリファイナルで2位
・全日本選手権に4年ぶりに出場、2位に

2020年
2月 ・四大陸選手権で優勝。ショートプログラムで世界歴代最高得点を更新。男子シングル史上初の「スーパースラム」を達成

〈出典一覧〉※数字はページ数です。

026　ＪＯＣ公式ツイッター（２０２０年４月17日公開）

第１章

028　『Ice Jewels vol.2』（舵社）２０１６年２月19日発行「Special Interview 羽生結弦×Ice Jewels ３３０・43の真実」
031　２０１９年11月23日付『サンケイスポーツ』「今季初日本降臨！羽生、ＳＰぶっちぎり首位『みなさんの力を近くで感じた』／フィギュア」
033　『スポーツLIFE HERO'S』（フジテレビ）２０１７年９月24日放送
035　『news every.』（日本テレビ）２０１９年８月23日放送「地震経験の子供へ 羽生が〝プレゼント〟」
036　『Number』（文藝春秋）２０１８年12月６日号「スペシャルインタビュー 羽生結弦 絶対王者の原点回帰。」
039　２０１４年12月28日付『毎日新聞』東京朝刊「フィギュアスケート：全日本選手権 羽生３連覇 女子ＳＰ、本郷首位」
041　２０１３年２月８日付『朝日新聞』東京朝刊「（ソチ カウントダウン！ あと１年：１）フィギュアスケート・羽生結弦」
042　『anan』（マガジンハウス）２０１５年12月16日号「SPECIAL PHOTO BOOK 羽生結弦 21歳の素顔。」
044　２０１９年12月８日付『スポーツ報知』「フィギュアスケート ＧＰファイナル最終日 羽生結弦が４回転５本成功も２位」
047　２０１７年４月２日付『スポーツ報知』「フィギュアスケート 世界選手権最終日 羽生結弦がフリーで世界最高得点更新Ｖ」
049　２０１９年９月16日配信『スポーツ報知』ＷＥＢ版「羽生結弦、北京五輪へ初言及『そのままやっていたら出ます』４回転半跳ぶ『見とけ、世界！』」
050　２０１８年９月24日付『スポーツ報知』「フィギュアスケート オータム・クラシック最終日 羽生結弦が復帰戦を優勝飾る」
053　『Number』（文藝春秋）２０１２年12月６日号「貴公子独占インタビュー 羽生結弦『17歳の目覚め』」
054　２０１８年２月27日「羽生結弦選手 会見」（日本記者クラブ）
057　『news every.』（日本テレビ）２０１９年８月23日放送「地震経験の子供へ 羽生が〝プレゼント〟」
058　２０１４年４月５日付『中日新聞』朝刊「フィギュアスケート 王者・羽生結弦インタビュー 足りないもの多すぎる」※中日新聞社の許可を得て転載
061　２０１８年２月17日配信『共同通信』「羽生結弦選手の一問一答」
063　『独占告白！ 羽生とゆづる 第一夜』（フジテレビ）２０２０年２月３日放送
065　２０１２年１月１日付『東京新聞』朝刊「家族のことを話そうフィギュアスケーター 羽生結弦さん 母の言葉で再びリンクへ」
067　２０１４年１月１日付『産経新聞』東京朝刊「ソチ五輪 ３選手インタビュー」
068　『Ice Jewels vol.1』（舵社）２０１５年10月21日発行「Special Interview 羽生結弦×Ice Jewels 進化する羽生結弦」

第２章

071　『Number』（文藝春秋）２０１６年４月28日号「羽生世代、最強の証明。」
072　２０１９年12月21日配信『スポーツ報知』ＷＥＢ版「羽生結弦、１１０・72点〝世界最高〟首位発進!! 強弱自在 音を奏でるトウループ」
075　２０１５年８月８日付『日刊スポーツ』東京日刊「羽生 平昌後は金の伝道師になる」
076　２０１５年11月29日付『朝日新聞』東京朝刊「羽生、異次元 フィギュアスケート・ＮＨＫ杯 28日」
078　２０１９年10月28日付『スポーツ報知』「フィギュアスケート スケートカナダ最終日 羽生結弦が自己新で大会初Ｖ」
081　２０１９年３月25日付『スポーツ報知』「フィギュアスケート 世界選手権エキシビション 羽生結弦がイチ魂で世界一奪回」
082　２０１８年２月27日「羽生結弦選手 会見」（日本記者クラブ）
085　２０１５年４月12日付『読売新聞』東京朝刊「羽生『今季 長かった』衝突や腹

部手術『3年ぐらいに感じた』／フィギュア」
086 『独占告白！ 羽生とゆづる 第二夜』（フジテレビ）２０２０年２月４日放送
088 ２０１４年４月11日付『沖縄タイムス』朝刊（共同通信配信）「羽生の今季『ぜいたくだ』／フィギュア五輪『金』も失敗も糧／インタビュー『もっと上に、もっと強く』」
091 ２０１４年４月15日付『産経新聞』東京朝刊「羽生インタビュー さらに高みへ精神力強化 フィギュア」
093 『MORE』（集英社）２０１８年12月号「羽生結弦という奇跡」
095 ２０１９年11月24日付『日刊スポーツ』東京日刊「羽生ＮＨＫ杯Ｖ！ 3年ぶりファイナル決めた」
096 ２０１７年４月17日付『河北新報』「荒川さん・羽生選手 偉業たたえるフィギュアモニュメント」
099 ２０１４年12月15日付『スポーツ報知』「フィギュアスケート ＧＰファイナル最終日 羽生結弦が日本男子初の連覇」
100 ２０１９年９月16日配信『時事ドットコム』「羽生結弦が語った今シーズンと、その先『ぶざまな姿は見せたくない』」
102 『Ice Jewels vol.8』（舵社）２０１８年４月28日発行「Special Interview 羽生結弦×Ice Jewels 栄冠を超えて」
105 ２０１９年９月16日配信『時事ドットコム』「羽生結弦が語った今シーズンと、その先『ぶざまな姿は見せたくない』」
106 ２０２０年３月12日配信『共同通信』「フィギュア羽生、来季に意欲『今の限界の先へと練習』」

第3章

108 ２０１８年２月16日付『朝日新聞』東京夕刊「『逆境、嫌いじゃない』羽生ぶっつけ本番、連覇挑戦 フィギュアＳＰ 平昌五輪」
111 ２０１５年４月16日付『朝日新聞』東京朝刊「（FOCUS SKATING）羽生インタビュー」
113 ２０１８年11月２日付『スポーツ報知』「フィギュアスケート 羽生結弦が初のＧＰ初戦Ｖへ攻撃的構成 後半ジャンプ集中」
114 ２０１９年12月８日付『スポーツ報知』「フィギュアスケート ＧＰファイナル最終日 羽生結弦が４回転５本成功も２位」
117 ２０１１年４月15日付『日刊スポーツ』東京日刊「東北高校２年、羽生『スケートしかない』」
119 ２０１５年１月３日付『東京新聞』朝刊「中日体育賞 フィギュアスケート・羽生結弦 常に全力 源は震災」
121 ２０１９年12月６日付『日刊スポーツ』東京日刊「羽生 1しか見えない」
123 ２０１６年10月３日付『スポーツ報知』「フィギュアスケート オータム・クラシック 羽生結弦が後半失速も今季初戦Ｖ」
125 『FNNsline』（フジテレビ）２０１４年８月26日配信「上月スポーツ賞表彰式 羽生結弦選手らが記者団の質問に答える」
127 ２０２０年２月６日付『サンケイスポーツ』「【６日開幕一問一答】羽生、自分が目指すスケートは『ただ難しいことをするのではない』」
129 ２０１４年３月29日付『スポーツ報知』「フィギュアスケート 世界選手権第３日 羽生結弦が初優勝」
131 『Ready For Takeoff - 羽生結弦 Part.2』（ＡＮＡ公式ＨＰインタビュー）２０１８年１月４日公開「連覇へのカギは技術と表現が高いレベルでバランスが取れた演技」
133 ２０１１年１月１日付『河北新報』「フィギュアスケート／男子／羽生挑む／ソチ五輪目指すフィギュア界の新星16歳『もっと強くなれる』」
134 ２０１７年９月25日付『日刊スポーツ』東京日刊「羽生『集中力の弱さ永遠の課題』男子フィギュア」
137 ２０１７年４月21日付『スポーツ報知』「フィギュアスケート 世界国別対抗戦第１日 羽生結弦がノーミスならず７位」
138 『Ice Jewels vol.8』（舵社）２０１８年４月28日発行「Special Interview 羽生結弦×Ice Jewels 栄冠を超えて」
140 ２０１３年１月25日付『中日新聞』朝刊「スケートフィギュア 羽生結弦 カナダ拠点 精神も成長 表現力課題がんばれる」※中日新聞社の許可を得て転載

第4章

143 ２０１２年１月１日付『東京新聞』朝刊「家族のことを話そう フィギュアスケーター 羽生結弦さん 母の言葉で再びリンクへ」

145 ２０２０年２月10日付『スポーツ報知』「フィギュアスケート四大陸選手権最終日 大会初優勝の羽生結弦に聞く」

146 ２０１４年12月28日付『毎日新聞』東京朝刊「フィギュアスケート：全日本選手権 羽生３連覇 女子ＳＰ、本郷首位」

148 ２０１９年11月25日付『サンケイスポーツ』「羽生、打倒チェン宣言！『ピークはファイナルに』／フィギュア」

151 ２０１２年12月22日付『毎日新聞』大阪朝刊「フィギュアスケート：全日本選手権 羽生がＳＰ首位 孤高の97・68、参考記録ながら世界最高点―２位高橋、３位小塚」

152 ２０１９年11月22日付『サンケイスポーツ』「【ＮＨＫ杯へ一問一答】羽生『ポジティブなリミッターを氷上でかける』」

155 中国新聞セレクト ２０１８年３月６日掲載（共同通信配信）「スポーツ ２月の語録 生きていてよかった／チームジャパン 誇りに思う」

156 ２０１３年12月７日付『東京新聞』朝刊「フィギュアスケート ＧＰファイナル 羽生初Ｖ、ソチ最有力 雑念断ち切りチャン下す」

159 ２０１７年10月20日付『サンケイスポーツ』「羽生、フリーでルッツ投入！『本気プログラム』でいくぞ世界最高得点更新／フィギュア」

161 『Ice Jewels vol.1』（舵社）２０１５年10月21日発行「Special Interview 羽生結弦×Ice Jewels 進化する羽生結弦」

162 ２０１９年９月17日配信『朝日新聞デジタル』「羽生結弦、取材の場も理論武装？『分析できました』」

165 ２０１７年10月23日付『スポーツ報知』「フィギュアスケート 羽生結弦がロシア杯一夜明け 平昌五輪後も現役へ意欲」

166 ２０１４年11月６日付『岩手日報』朝刊（共同通信配信）「羽生『新しい自分へ』あす今季初戦 フィギュアＧＰ中国杯 ３度の４回転に挑む」

168 『anan』（マガジンハウス）２０１５年12月16日号「SPECIAL PHOTO BOOK 羽生結弦 21歳の素顔。」

171 ２０１８年２月27日「羽生結弦選手 会見」（日本記者クラブ）

172 ２０１８年７月３日付『秋田魁新報』朝刊（共同通信配信）「『賞に恥じないスケートを』羽生選手、国民栄誉賞受賞」※秋田魁新報社提供

175 ２０１８年２月28日付『京都新聞』朝刊（共同通信配信）「『芸術成り立つジャンプを』フィギュア羽生 一問一答」

177 『anan』（マガジンハウス）２０１５年12月16日号「SPECIAL PHOTO BOOK 羽生結弦 21歳の素顔。」

178 『週刊朝日』（朝日新聞出版）２０１８年３月16日号「保存版・羽生結弦26の『金の言葉』心に響いたユヅの言葉を集めました!!」

180 ２０１７年４月３日付『スポーツ報知』「フィギュアスケート 羽生結弦が世界選手権から一夜明け『いい流れが来てる』」

第5章

183 『フィギュアスケートＴＶ！』（ＢＳフジ）２０１７年３月11日放送

184 ２０１９年９月16日付『スポーツ報知』「フィギュアスケート オータムクラシック最終日 羽生結弦がＶ」

187 ２０１５年12月14日付『毎日新聞』東京夕刊（共同通信配信）「フィギュアスケート：ＧＰファイナル 男子 羽生、また歴代最高 進化続ける『絶対王者』」

189 『PRIME news alpha』（フジテレビ）２０１９年３月18日放送

190 ２０２０年２月８日付『デイリースポーツ』「〈フィギュアスケート四大陸選手権〉第２日（７日、韓国・ソウル）羽生 プーさんのぬいぐるみ 笑顔で拾った 自分の中ではワインやチーズみたいなもの いろんな深みが出るプログラム」

193 ２０１７年４月３日付『スポーツ報知』「フィギュアスケート 羽生結弦が世界選手権から一夜明け『いい流れが来てる』」

195 『Ice Jewels vol.4』（舵社）２０１６年10月21日発行「Special Interview 羽生結弦×Ice Jewels 進化の予兆」

197 ２０１７年４月17日付『河北新報』「荒川さん・羽生選手 偉業たたえるフィギュアモニュメント」

198 ２０１４年１月１日付『産経新聞』東京朝刊「ソチ五輪 ３選手インタビュー」

201 『Number』（文藝春秋）２０１８年９月27日号「[新シーズン始動＠トロント]羽

生結弦、未知への旅立ち。」
202 2018年4月23日付『スポーツ報知』「フィギュアスケート 羽生結弦が仙台で五輪凱旋パレード 10万8000人集結」
204 『AERA』（朝日新聞出版）2018年5月14日号「ユヅの肉声、一問一答 羽生結弦パレード後会見」
206 2017年4月17日付『河北新報』「荒川さん・羽生選手 偉業たたえるフィギュアモニュメント」
209 2014年2月15日付『読売新聞』東京夕刊「ソチ五輪 被災地へ 恩返しの金 羽生『これからがスタート』」
210 2019年4月21日付『河北新報』「新モニュメント発表 羽生選手会見／『仙台の力』受け継いで」

第6章
212 2019年12月7日付『スポーツ報知』「フィギュアスケート GPファイナル第1日 羽生結弦が公式練習で4回転半」
215 2015年1月3日付『東京新聞』朝刊「中日体育賞 フィギュアスケート・羽生結弦 常に全力 源は震災」
217 『Ice Jewels vol.7』（舵社）2017年11月30日発行「Special Interview 羽生結弦×Ice Jewels 歴史への第一歩」
219 2020年2月10日付『デイリースポーツ』「〈フィギュアスケート 四大陸選手権〉最終日（9日、韓国・ソウル）羽生『SEIMEI』へのこだわり 毎年新しいものをやる それって真理なのかな 伝統芸能、バレエ、オペラ 語り継がれるものは何回もやる」
220 2014年12月12日付『スポーツ報知』「フィギュアスケート 羽生結弦がGPファイナル公式練習でキレのある動き」
223 2019年10月28日付『読売新聞』東京朝刊「羽生 自己新V スケートカナダ」
224 『週刊朝日』（朝日新聞出版）2018年3月16日号「保存版・羽生結弦26の『金の言葉』心に響いたユヅの言葉を集めました!!」
227 『Ice Jewels vol.4』（舵社）2016年10月21日発行「Special Interview 羽生結弦×Ice Jewels 進化の予兆」
229 2011年8月11日付『読売新聞』東京朝刊「仙台で被災 フィギュア新鋭 羽生『感情のレベル上がった』『演技の幅になる』」
231 『Ready For Takeoff - 羽生結弦 Part.2』（ANA公式HPインタビュー）2018年1月4日公開「連覇へのカギは技術と表現が高いレベルでバランスが取れた演技」
233 2018年2月27日「羽生結弦選手 会見」（日本記者クラブ）
235 『Number』（文藝春秋）2014年5月15日号「［絶対王者のその先へ］『いま僕が追いかけているのは、自分です』」
237 『世界フィギュアスケート国別対抗戦』（テレビ朝日）2017年4月23日放送
239 2013年3月16日付『毎日新聞』東京夕刊「フィギュアスケート：世界選手権 羽生4位、高橋6位 五輪出場枠『3』確保」
240 『Number』（文藝春秋）2017年9月28日号「［オリンピックシーズン始動］『今の僕は20％』羽生結弦」
242 『Mr.サンデーHERO'S 合体SP』（フジテレビ）2016年10月2日放送
245 『独占告白！ 羽生とゆづる 第二夜』（フジテレビ）2020年2月4日放送

羽生結弦の言葉

2020年11月9日　第1刷発行

言葉
羽生結弦
写真
能登 直
発行人
蓮見清一
発行所
株式会社宝島社
〒102-8388 東京都千代田区一番町25番地
電話（営業）03-3234-4621
（編集）03-3239-0646
https://tkj.jp
印刷・製本
日経印刷株式会社

ISBN 978-4-8002-9831-7